Astrid Rosenfeld

Sing mir ein Lied

Mit Fotografien von Johannes Paul Spengler

Sing mir ein Lied

„Es ist erst vorbei, wenn die fette Lady gesungen hat."
Amerikanisches Sprichwort

„Welche Sprache könnte unsere Dürste stillen, welche Winde könnten uns erheben, welche Fluten uns tragen über Niederlagen hinaus außer einem Lied, einem Lied, das keinen Tod kennt?"
Aus *Paterson* von William Carlos Williams

„I listen for Wilget in the wind, even though I never liked the wind."
Marta Becket in einem Interview über ihren verstorbenen Freund Wilget

„Gather our belongings
Throw them from the train
Let go of the railings
Let go of the reins."
Aus *With whiskey* von Tunng

„Ich kann nicht erklären, was ich meine. Und selbst wenn ich's könnte, wüsste ich nicht, ob mir danach wäre."
Aus *Der Fänger im Roggen* von J.D. Salinger

7. Dezember 2012 New York

„You can't kill them", sagt Johannes.
Ich habe keine Ahnung von Autos, aber ich nicke, denn auch der Mechaniker nickt, und Mechaniker sollten sich schließlich auskennen. *„You can't kill a Mercedes"*, bestätigt er. Ich nicke wieder.
Der 300 Turbo Diesel, Baujahr 1982, hatte nur einen Besitzer vor uns. Er ist gestorben. In meinen Gedanken habe ich ihn Frank getauft – Franky.
Wenn ich die Augen schließe, kann ich Franky sehen: graues, volles Haar, unruhiger Blick. Franky war ein leidenschaftlicher Tänzer. So anmutig seine Bewegungen, so ungelenk seine Sprache. Worte fand Franky nie.
Die einzige Frau, die er jemals geliebt hatte, verließ ihn an einem Sonntagmorgen. Laura mit den ungewöhnlich spitzen Eckzähnen.
Der Motor läuft tadellos, das Leder riecht wie neu, sogar das Sonnendach funktioniert. Der Mechaniker schraubt die Nummernschilder an, repariert den Zigarettenanzünder und wünscht uns viel Glück. Wir fahren.
Wir fahren – das Atemholen vor der großen Reise, die wir in drei Tagen antreten wollen.
Während uns eine strenge Frauenstimme von New Jersey nach Brooklyn lotst, lächeln wir, lachen wir.
Im Handschuhfach finde ich ein Eau de Cologne, *Attitude – similar to Eternity,* und versprühe ein paar Spritzer. Es stinkt wie die Pest. „Gar nicht schlecht", sage ich. *„You can't kill them."* Unkaputtbar, unsterblich – *similar to Eternity.*
Ein Abstecher nach Manhattan. Es regnet, aber wir sitzen in unserem Auto, trocken, warm und sicher. Es geschieht eins nach dem anderen, sekundenschnell. Ein Knall, etwas reißt mich nach vorn, dann schlägt mein

Kopf gegen die Lehne. Wir schauen uns an, steigen aus. Regentropfen fallen auf meine Haare. Es ist kalt. Ich denke an Franky.

*

300 D

10. Dezember 2012 New York

Manfreds stahlblaue Augen – da bin ich mir sicher – haben schon weitaus Schlimmeres gesehen als einen Haufen kaputter Autos. Er bewegt sich langsam, redet wenig und strahlt unendliche Souveränität aus. Ein minimalistisches Lächeln umspielt seine Lippen. Mitleid? Sympathie? Oder hält er uns einfach für Vollidioten?

„Da lässt sich nichts mehr machen", sagt Manfred fast väterlich.

„Totalschaden?"

„Ja."

„Da kann man also gar nichts machen..."

Er nickt. Wir nicken auch.

„Vielleicht wurden wir vor etwas Schlimmerem bewahrt."

„Schicksal."

„Alles hat einen Grund."

Johannes und ich klingen wie zwei buddhistische Mönche, aber wir sind nicht in einem Tempel, sondern auf dem Parkplatz von Rheinlandmotors, Queens. 17 Grad und Regen. Aus der Werkstatt dringt klassische Musik.

Frankys Mercedes, der wenige Stunden unser Mercedes war, hatte keine Chance. Ein schwarzer Nissan Titan samt angehängtem Imbisswagen ist in uns reingefahren. Ein Nissan Titan wiegt 2285 kg. Und dann muss man noch den Food-Truck dazurechnen, keine Ahnung, wie schwer der ist. Ein Titan – das ist, als ob man von einem Eisbrecher gerammt wird.

Auch wenn wir die große Reise nun nicht in Frankys Auto antreten werden, habe ich beschlossen, an ihm festzuhalten.

Er hat sich in meine Gedanken geschlichen.

*

WE DON'T DIAL 911

13. Dezember 2012 New York

Möwen, Möwen, Möwen. Überall Möwen. Möwen mochte ich noch nie.
Wir laufen über den Sand, untersuchen die vom Meer angeschwemmten, von Menschenhand drapierten Schrotthaufen.
„Meinst du, da ist noch was drinnen?"
„Nein." Ein verrosteter Kühlschrank ist kein Abenteuer und ein Ausflug mit der U-Bahn nach Coney Island kein Roadtrip.
Im Moment haben wir kein Auto.
Wir müssen uns gedulden, Franky muss sich gedulden, alle müssen sich gedulden.
Die meisten Restaurants haben geschlossen.
Hühnersuppe bei 'Tatiana'. Wir und ein herrenloser Riesenstoffbär sind die einzigen Gäste.
Danach Brighton Beach. Coffee to go.
„Woher kommt ihr?"
„Deutschland. Berlin. Und du?"
„Jude." Er lächelt. „Was macht ihr hier?"
„Wir... eigentlich... Also wir fahren. Fahren durch Amerika. Bald."
„Brighton Beach ist nicht Amerika, das ist Russland."
„Bist du aus Russland?"
„Alle hier." Juri lacht. „Ich habe zwei Söhne. Söhne, Enkelkinder und Anna."
Manchmal fehlen Juri die englischen Wörter, dann beendet er seine Sätze auf Russisch.
„Mitkommen. Kommt mit, Freunde." Und als wären wir wirklich alte Freunde und nicht Menschen, die sich erst vor zwanzig Minuten kennengelernt haben, spazieren wir drei Arm in Arm über die Promenade. Juri in unserer Mitte.

Die Sonne scheint. Er führt uns ins 'Café Moskau': Wodka und Blinis.
„Ich war Taxifahrer. Nachts. Manhattan, Brooklyn. Immer nachts. Fünfundzwanzig Jahre."
Er ist pensioniert, seine Söhne wohnen in New Jersey, wo genau, weiß er nicht. Weiß er schon – eigentlich –, nur jetzt fällt es ihm nicht ein.
Blinis und Wodka.
Juri präsentiert uns seine Goldringe, sein Goldarmband, seine Prada-Brille. In Petersburg war er Zahnarzt.
„Und Anna?"
Er holt ein Bild aus seinem Portemonnaie. „Das ist Anna. Anna meine Frau."
„Wo ist Anna?"
„In Florida."
„Wann kommt sie wieder?"
Keine Antwort.
Noch mehr Wodka.
„Freunde", sagt er, küsst meine Hand und tätschelt Johannes' Knie. „Auf das Leben."
Die Gläser klirren – auf das Leben – auf Anna – auf das Leben – auf das, was noch kommen mag – auf das Leben.
Draußen ist es bereits dunkel, als wir uns von Juri verabschieden. Der Wodka hat mich milde gestimmt. Jetzt könnte ich sogar ein wenig Liebe, ein wenig Freundschaft für die Möwen aufbringen, aber sie sind alle weg.

*

Frankys Geschichte

Kapitel 1

Die Tucker-Schwestern – Virginia und Carol Tucker – glichen äußerlich weder Vater noch Mutter. Ihre großen Köpfe, die hängenden Augenlider und ihre stämmigen Körper erinnerten vielmehr an den Familienhund Max, einen fett gewordenen Bordeauxdoggen-Mischling. Diese frappierende Ähnlichkeit amüsierte die Nachbarschaft. Böse Zungen tauften die Mädchen die „Hunde-Schwestern". Der Name setzte sich durch, setzte sich fest. Selbst als Max starb, blieben Virginia und Carol die „Hunde-Schwestern".

„Da gehen die Hunde-Schwestern."

„Frag die Hunde-Schwestern."

„Jane ist bei den Hunde-Schwestern." Der Spott war längst zur Normalität geworden – nur nicht für Carol.

Jedes Mal, wenn der unliebsame Name an ihre Ohren drang, glaubte Carol, sie müsse vergehen.

„Gibt Schlimmeres", kommentierte Virginia die Tränen ihrer jüngeren Schwester. Virginia hatte recht: Es gab Schlimmeres. Ihrem Cousin Todd fehlte ein Bein, und bald schon sollten japanische Torpedobomber in Pearl Harbor Geschichte schreiben. Das änderte aber nichts am Schmerz, den Carol empfand.

Der Krieg sammelte seine Soldaten ein – auch in Bordentown, New Jersey. Wenn einer in den Krieg zieht, weiß man nie, ob er wieder zurückkommen wird. Mit jedem Mann, der sein Bündel packte, sah Carol ihre Chancen schwinden. Sie war siebzehn und ungeküsst. Kein Junge hatte je ihre Hand gehalten oder sie zum Tanzen aufgefordert.

Dieser Tage gab es nur zwei Gesprächsthemen in Bordentown: Hitlers Krieg und Roger Davidson, ein 67-jähriger Künstler auf der Durchreise, der einige Wochen in der kleinen Stadt verweilte. Schon die Art, wie er sich kleidete – man sah ihn ausschließlich in Kanariengelb – sorgte für Kopfschütteln. Aber es war das Bild, das er dem katholischen Wohltätigkeitsverein für den

alljährlichen Basar zu spenden gedachte, das eine Welle der Entrüstung auslöste.
„Bulle auf Weide", lautete der harmlose Titel des Ölgemäldes.
Und tatsächlich zeigte es einen Bullen auf einer Weide, einen Bullen mit einer gigantischen Erektion. Der Penis gehörte sich nicht – nicht auf einem Bild, nicht in dieser übertriebenen Größe. Doch die Magd, die verzückt auf einem Schemel sitzend das Geschlechtsteil des Tieres melkte, machte aus einer unanständigen Schmiererei einen Skandal. Roger Davidson war ein Perverser, so viel stand fest. Aus Andeutungen wurden handfeste Gerüchte.
„Er hat einem Pferd bei lebendigem Leibe die Hoden abgerissen."
„Und dann?"
„Gegessen."
„Nein?!"
„Fragen Sie Mrs. Glimmstone. Es wird Zeit, dass er verschwindet."

Carol spürte, dass er ihr noch immer folgte.
„Junge Dame, bleiben Sie stehen. Bleiben Sie bitte stehen."
Sie lief weiter. Mrs. Firth hatte ihrer Mutter erst heute Morgen erzählt, dass Roger Davidson einer satanischen Sekte angehöre.
„Ich möchte Sie doch nur etwas fragen."
Die Sehnsucht nach einem Wagnis, dieses gewisse Brennen in der Herzgegend, ließ sie ihren Schritt verlangsamen.
„Carol! Bitte. Eine einzige Frage, Carol."
Er kannte ihren Namen. Sie hielt an, drehte sich um. „Was wollen Sie?"
Zum ersten Mal betrachtete Carol den Mann genauer. Kanariengelb schien ihr eine merkwürdige Farbwahl für einen Teufelsanbeter.
„Ich würde Sie gerne malen."
„Mich?" Carol errötete.
„Ja."
Sie senkte ihr Haupt. „Warum mich?"
Der alte Mann lächelte. „Ein Künstler ist immer auf der Suche nach Vollkommenheit. Und Ihr Busen, er… Er ist vollkommen."
„Woher…? Ich meine…" Vollkommen. Vollkommen, hämmerte es in ihrem Kopf.

Kein Mensch, geschweige denn sie selbst, hatte je etwas Vollkommenes an ihr entdeckt. Sie war Carol, eine der Hundeschwestern, ungeküsst, ungewollt.

*

15. Dezember 2012 Brooklyn

Wir hocken in Johannes' Apartment und wissen nicht weiter. Sollen wir ein neues Auto kaufen? Ein Auto leihen? Unsere Finanzen sind angeschlagen, unser Humor auch. Leonard Cohen dringt aus den Boxen. *„Is this what you wanted?"*, singt er.

„Is this what you wanted?", frage ich mich. Was will ich überhaupt?

Ein Knall. Laut. Unheimlich.

Johannes deutet zum Fenster. Schwarze Rauchwolken steigen auf. Flammen erleuchten den abendlichen Himmel. Sirenen heulen. Wir rennen auf die Straße, dem Qualm entgegen.

Feuerwehrmänner richten ihren Schlauch auf einen brennenden Wagen. Es zischt. Wir sind nicht die Einzigen, die es nach draußen getrieben hat. Eine Handvoll Menschen starrt auf das langsam erlöschende Feuer.

An diesem Abend ist noch mehr zu Bruch gegangen als ein Auto. Wenige Meter von dem ausgebrannten Toyota Corolla entfernt liegt etwas auf dem Boden. Ein letztes Mal hebt und senkt sich der Körper. Dann ist es still. Obwohl Leute reden und zwei Hunde bellen, ist es still. Der Notarzt bedeckt den Leichnam mit einem Tuch.

„Was ist passiert?", frage ich einen der uniformierten Männer.

„Kannten Sie die Frau?"

„Nein. Aber was ist denn passiert?"

Der Feuerwehrmann zuckt mit den Schultern.

Johannes und ich gehen. Wir gehen nicht zurück in seine Wohnung. Wir gehen einfach, landen in einer Bar und bestellen Champagner. Unsere Finanzen sind angeschlagen, doch was macht das schon? Wir erheben die

Gläser und trinken. Auf das Leben. Auf das, was noch kommen mag. Auf das Leben.

Vielleicht hat unsere Reise längst begonnen. Mit Franky. Mit einem Autounfall. Mit einem brennenden Auto. Mit der Stille, die ich gehört habe.

*

KILL COPS

19. Dezember 2012   New York JFK

Ich würde gerne die Tür zuknallen, doch Drehtüren kann man nicht zuknallen.
„Auf der Karte steht Visa", sagt Johannes. Das hat er in der letzten Stunde schon mehrmals gesagt. Ich verdrehe die Augen, das habe ich in der letzten Stunde auch schon mehrmals getan.
„Trotzdem ist es eine EC-Karte und keine Kreditkarte", sage ich.
„Aber es steht Visa drauf", beharrt er.
„Komm weiter."
Autovermietung Nummer drei.
„Der Kreditkartenbesitzer und der Inhaber des Führerscheins müssen identisch sein. Eine Debit-Card können wir nur dann akzeptieren, wenn der Besitzer der Karte einen Rückflug vorweisen kann. So leid es mir tut, es geht nicht."
Ich besitze eine Kreditkarte und einen Rückflug. Johannes einen Führerschein und eine Debit-Card, also eine EC-Karte.
„So leid es mir tut, da kann ich nichts machen."
Ich hasse den Mann hinter dem Counter, hasse seine professionelle Freundlichkeit.
Draußen ist es bitterkalt.
„Und jetzt?"
„Da rein", antwortet Johannes. Das einzig Erfreuliche an diesem Abend: Die Wege sind kurz.
Autovermietung Nummer vier.
Er ist jung, durchtrainiert und glatzköpfig. An seiner Hand prangt ein Ring mit einem Mercedes-Stern. Während Johannes aufzählt, was wir zu bieten haben – Kreditkarte, Debit-Card, Führerschein, Rückflug, und nichts passt zusammen –, starre ich apathisch auf den Ring. 'Vollproll', denke ich mir.

„Wir hatten auch mal einen Mercedes", sagt Johannes. Nein, bitte nicht. Erzähl dem Typen jetzt bitte nicht, dass wir vor wenigen Tagen Frankys Wagen zu Schrott gefahren haben.
„Ich hab zwei", sagt der Ringträger.
„Dann hätte ich gerne deinen Job", erwidert Johannes. Die beiden lachen und reden weiter, über Mercedes, so ganz allgemein. Ich werde ungeduldig, fast wütend. Was soll das?
„You can't kill them", sagt Johannes. Der Glatzkopf nickt.
'Kriegen wir jetzt ein Auto oder nicht?!', will ich schreien, aber bevor ich meinen Mund aufmachen kann, bittet der Proll uns, ihm zu folgen.
Wir stehen auf dem Parkplatz.
„Ich gebe euch meinen Familienrabatt, eine freie Tankfüllung, und ihr gebt mir fünfhundert cash." Er deutet auf einen Toyota Corolla. „Den könnt ihr haben."
Ich höre die Stille.
„Bitte keinen Toyota Corolla", sagen Johannes und ich im Chor.
„Was ist mit dem Passat hier vorne?"
Wir nicken.
Meine Rückflugnummer, Johannes' Debit-Card – auf der Visa steht – und sein Führerschein verschmelzen zu einer Einheit.
In einer dunklen Ecke des Autovermietungsgeländes überreichen wir dem Proll die fünfhundert Dollar.
„Das glaubt uns keiner."
„Ja, das glaubt uns keiner."

*

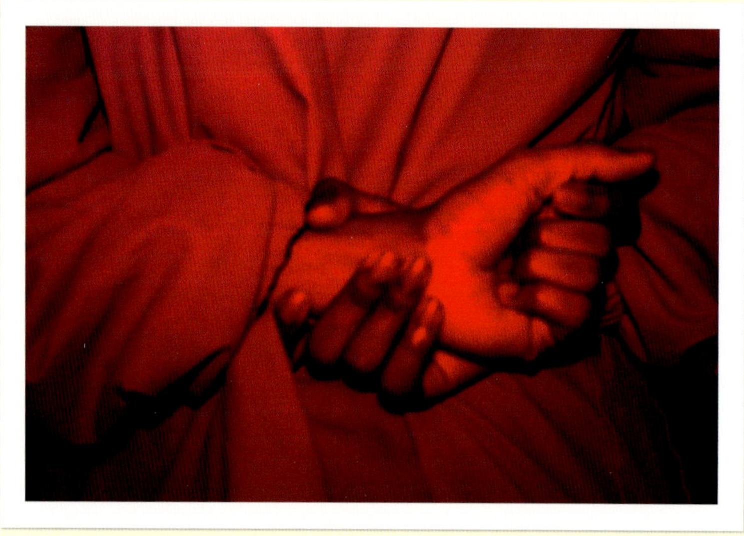

20. Dezember 2012 New York

Unser letzter Abend in New York.
Leonard Cohen singt live in Brooklyn.
Ich habe darauf gewartet, dass Mr. Cohen uns fragt: „*Is this what you wanted?*"
Er hat es nicht getan.

*

Frankys Geschichte

Kapitel 2

Im Krieg werden Helden gemacht . Nicht weniger wollte Ryan Perkins sein. Doch das unnütze Herz in seiner Brust hatte ihm jede Gelegenheit dazu genommen.

Ziellos lief er durch die Straßen von Bordentown, nicht gegen Feinde, sondern gegen Tränen kämpfend. Immer wieder donnerte Ryan die Faust gegen sein Herz. Als ob ein paar feste Hiebe für den richtigen Rhythmus sorgen könnten. Bis ans Ende seiner Tage, da war er sich sicher, würde er nun Toiletten reparieren und in der Scheiße fremder Menschen wühlen müssen. Er rannte los. Wut und Traurigkeit lenkten seine Schritte. Schneller und immer schneller. Wenige Meter vor dem verwahrlosten Schuppen hielt er an. Lautlos, wie ein echter Soldat, robbte er zu einem der zerbrochenen Fenster. Die Hand, die eben noch seine Brust malträtiert hatte, machte sich bereit zur Schlacht. Kein krankes Organ, kein Arzt, nichts und niemand würde ihn zurückhalten.

Ryan hob den Kopf. Der Mann in Kanariengelb stand, mit dem Rücken zu ihm, vor einer Leinwand. Zartes Rosa tropfte zu Boden.

Er würde ihn von hinten übermannen, würde ihn das Fürchten lehren und zumindest in Bordentown, zumindest heute ein Held sein.

Langsam richtete Ryan sich auf. Sein Blick schweifte durch das Zimmer und entdeckte, was ihm eben noch verborgen geblieben war. Ein Lächeln lag auf ihren Lippen. Stolz und verwegen. Das graue Kleid zu ihren Füßen erinnerte an ein schlafendes Tier.

Alle Spannung wich aus seinem Körper, und nur ein einziger Wunsch brannte in Ryans verkehrtem Herzen: Er wollte den Busen der Hunde-Schwester berühren.

*

21. Dezember 2012 New York – Gettysburg, Pennsylvania

Der schwarze Passat, der in den nächsten Wochen die einzige Konstante in unserem Leben sein wird, ist vollversichert. Ein beruhigendes Gefühl. Wir fahren durch Manhattan. An jeder roten Ampel, die uns zum Halten zwingt, drehe ich mich um. Kein Imbisswagen, kein Knall. Weiter. Immer weiter. Endlich entlässt uns New York aus seinen Klauen.
Das GPS, das wir für Frankys Wagen gekauft hatten, hat den Unfall fast schadlos überstanden. Silbernes Klebeband hält die zerbrochene Halterung zusammen. Im Handschuhfach liegt Frankys Eau de Cologne, *Attitude – similar to Eternity.*
„Are you ready for the country, because it's time to go?", singt Neil Young, und wir stimmen mit ein.
Es wird dunkel. Wir erreichen Gettysburg.
Ein schäbiges Motel. „Bitte klingeln", steht an der Tür. Nach wenigen Minuten kommt eine fette Frau angerannt. Ihr schwabbliger Körper steckt in einem rosaroten Pyjama, auf dem Kopf thront eine Weihnachtsmann-Mütze. Sie nennt uns *„Darling"* und *„Honey"*. Das Zimmer ist abgeranzt und eiskalt. Wir drehen die Heizung auf und gehen.
Ein Restaurant – wir essen irgendetwas Frittiertes, keiner redet mit uns.
Eine Bar – wir trinken Bier. Keiner redet mit uns. Raus hier. Gettysburg ist ein Zwischenstopp, kein Ziel, niemals gewesen. Wir schlendern durch die ausgestorbenen Straßen. Betrachten ein Schaufenster. Uniformen und Kleider aus der Zeit des amerikanischen Bürgerkriegs in der Auslage. Zwischen den prächtigen Kostümen liegt eine Katze. Im ersten Moment – mit ein paar Bier in der Blutbahn und verdammt kurzsichtigen

Augen – könnte man meinen, sie würde schlafen. Aber das Tier ist mausetot. Ausgestopft.

In unserem Zimmer ist es immer noch bitterkalt.

Irgendwann schlafen wir ein.

Früh aufstehen, Kilometer machen. Doch vorher will ich die Katze haben.

„Sie können hier alles kaufen, nur die Katze nicht", sagt die Dame und lächelt.

*

22. Dezember 2012 Pennsylvania – North Carolina

Savannah, Georgia, heißt unser erstes echtes Ziel. Die Strecke ist an einem Tag nicht zu bewältigen. Irgendwo in North Carolina werden wir übernachten müssen. Wir denken nicht in Städten, sondern in Staaten.
Mittlerweile verstehen wir die Befehle des GPS und geraten nicht mehr bei jeder neuen Anweisung in Panik. Wir haben die Stimme, die täglich zu uns sprechen wird, Fox getauft.
„Ihr braucht auf jeden Fall einen Atlas und Landkarten", haben uns sämtliche Freunde gesagt. Einer der vielen wohlgemeinten Ratschläge, die wir ignoriert haben. Wir vertrauen Fox und unserem Instinkt.
Es ist düster. Noch vierzig Meilen bis Bel Haven. Bel Haven klingt schön. Fox zeigt uns die nahegelegenen Hotels auf dem Display an. Das erste Hotel gab es vielleicht mal, als man Fox programmiert hat. Das zweite Hotel ist geschlossen.
Also Hotel Nummer drei.
Fox lotst uns durch die finsteren Straßen. Sie will, dass wir nach rechts fahren. Rechts ist ein Wald, oder zumindest etwas Waldähnliches. Rechts! Johannes lenkt den Wagen nach rechts.
Links! Jetzt sollen wir links abbiegen – aber dann, liebe Fox, würden wir eine Baumgruppe rammen.
Ich sehe schlecht und bei Dunkelheit noch schlechter – Johannes auch. Wir drehen um, fahren einen unbefestigten Weg entlang. Es geht nur geradeaus. Das ist gut, das schützt uns vor dämlichen Entscheidungen.

Fox will noch immer, dass wir links abbiegen. Wir lachen. Und dann starren sie uns an: fünf Augenpaare.
Ein Geweih, so prächtig.
Nein. Nein. Nein.

Knall!

Nein. Nein. Nein.

„Vollversichert", sage ich leise.

Wir steigen aus.

Der Hirsch ist mit seinen Kameraden weitergelaufen, ohne einen Kratzer auf der Motorhaube zu hinterlassen.

Wird es dort, wo wir auftauchen, noch öfter knallen?

Nicht der Knall selbst lässt einen erschrecken, sondern die Plötzlichkeit.

*

PRIVATE PARKING
ALL UNAUTHORIZED VEHICLES
WILL BE TOWED AWAY AT
OWNER'S EXPENSE TO
CRYSTAL WRECKER 233-8398
1620 ROGERS STREET
OCGA SECTION 44-1-13 GA LAW
MAX. TOW CHARGE $100
VAN ACCESSIBLE

Frankys Geschichte

Kapitel 3

„Es juckt, es kratzt, kann ich nicht etwas anderes anziehen?“, flehte Franky seine Tante an.
Virginia schüttelte den Kopf. „Gibt Schlimmeres.“
Sie hatte recht, es gab Schlimmeres: In zwei Stunden würde man seine Mutter zu Grabe tragen. Das war natürlich schlimmer als der grobe, schwarze Anzugstoff , der Frankys Haut peinigte .
Vor wenigen Monaten hatte man Carol in ein Krankenhaus gebracht und ohne Brüste, ohne Haare, zu schwach zum Laufen wieder entlassen.
Oft saß Franky am Bett seiner Mutter. „Ach Franky, kleiner Franky. Sie haben mir meine Brüste weggenommen“, sagte Carol in einem ihrer wenigen wachen Momente. „ Sie waren vollkommen.“
„Vielleicht wachsen sie nach“, versuchte er seine Mutter zu trösten.
Carol lächelte traurig. „Manche Dinge kommen nicht zurück, wenn sie einmal fort sind.“
Virginia pflegte die Sterbende und kümmerte sich um die Lebenden.
Ob er Tante Virginia mochte oder nicht, wusste Franky nicht. Sie war stets freundlich, aber sprach ebenso selten mit ihm wie sein Vater. Die Kräfte der geliebten Mutter schwanden zusehends. Allmählich wurde es still im Hause Perkins. Franky konnte die Stille hören. Sie kroch in ihn hinein.

*

23. Dezember – 25. Dezember   Savannah, Georgia

Die Gitarre hält er fest umklammert. Er sieht aus wie ein obdachloser Weihnachtsmann.
„Ich bin der beste Straßenmusiker in ganz Georgia", sagt Rudolfo. „Und das ist Flowers." Er deutet auf einen jungen Mann mit langen Haaren. Flowers` Gesicht ist tätowiert, trotz der Dunkelheit trägt er eine Sonnenbrille. Vielleicht blendet ihn das Tankstellenlicht. Wir sitzen im Halbkreis auf dem Boden. Eigentlich wollten wir nur Zigaretten kaufen, aber dann hat uns Rudolfo in ein Gespräch verwickelt.
„Flowers und ich machen zusammen Musik. Ich war in seine Mutter verliebt." Er lacht. „Ich bin immer noch in seine Mutter verliebt. Aber seine Mutter nicht mehr in mich."
Rudolfo zündet sich eine Zigarette an und zeigt mir seine Tattoos. „Die Krähe ist noch nicht fertig. Denk nach", fordert er mich auf, „was ist stärker, die Krähe, die Schlange oder der Tiger?"
„Die Schlange?", mutmaße ich.
Rudolfo schüttelt den Kopf.
„Der Tiger?"
„Nein. Die Krähe. Sie greift aus der Luft an."
„Aber eine Krähe kann keinen Tiger töten."
„Doch, sie kann fliegen. Verstehst du?"
Ich nicke, obwohl ich noch nie von einem Tiger gehört habe, der von einer Krähe zur Strecke gebracht wurde.
„Ich war lange in China", sagt Rudolfo und streicht gedankenverloren über sein Bein. „Da lernt man solche Sachen."
„Wo in China?", frage ich.
„In China", antwortet er.
„Ja, aber wo in China?"

Estate

VERNA

„China", wiederholt er und schaut mich an, als wäre ich ein Vollidiot. „Ich spreche neun Sprachen", fährt er fort.
„Welche?"
„Französisch, Spanisch, ein paar andere und Chinesisch natürlich."
Natürlich.
„Kannst du was auf Chinesisch sagen?"
Rudolfo gibt Laute von sich – ich spreche kein Chinesisch, verstehe kein Chinesisch, aber eins weiß ich mit Sicherheit: Rudolfo auch nicht.
Er lächelt stolz. „Das war Chinesisch."
Es brennt mir auf der Zunge, doch ich lasse die Worte nicht frei, sondern klopfe Rudolfo anerkennend auf die Schulter.
Er richtet seine Gitarre und stimmt ein Lied an. Immer wieder greift er daneben, sein Gesang ist dünn und schief. Doch ich klatsche Beifall, laut und immer lauter. Der letzte Ton verhallt. „Ich bin der beste Straßenmusiker in ganz Georgia", sagt er.
„Ja", antworte ich.
In dieser Nacht saß ich neben dem großartigen Musiker Rudolfo, der neun Sprachen beherrscht. Und eine Krähe kann einen Tiger töten. Solche Sachen lernt man in Savannah.

*

Wir schlendern mit George die Straßen entlang. George schlendert oft die Straßen entlang, er hat kein Zuhause. Manchmal kommt er bei einem Bekannten unter, heute Nacht nicht. „Ich habe viel Zeit zum Nachdenken", sagt er, „das ist gut. Ich versuche, den Sinn des Lebens zu finden. Jeder, oder?"

„Wahrscheinlich."

„Und ich werde ihn eines Tages finden. Ich werde alles erklären können."

„Und dann?"

„Dann gibt es keine Fragen mehr."

*

WEDDIN
REHEARSA

EXIT

Frankys Geschichte
Kapitel 4

Ob das Blut aus seinem Mund oder seiner Nase tropfte, konnte er nicht mit Bestimmtheit sagen.
„Na Franky, was macht dein Vater? He? Ich sag dir, was dein Vater macht: Er wühlt in der Scheiße anderer Leute. Los, sprich mir nach: Mein Vater wühlt in der Scheiße anderer Leute."
Franky schloss die Augen und versuchte, seinen Körper auf den nächsten Tritt vorzubereiten. Mehr als die Schmerzen fürchtete er die Plötzlichkeit, mit der Michaels Füße ihn trafen.
„Was macht dein Vater, he? He? Was hast du Laura für einen Dreck erzählt? Toiletten? In Scheiße wühlt er. Ich höre dich nicht, Franky. Was macht dein Vater?"
Bevor seine wunden Lippen auch nur ein Wort formen konnten, versetzte ihm Michael einen weiteren Tritt. Es knackte, und dann wurde es still. Franky rührte sich nicht.

Das Mädchen aus Paterson, New Jersey, das erst seit wenigen Wochen in Bordentown wohnte, hatte ihn nach der Englischstunde in ein Gespräch verwickelt oder es zumindest versucht.
„Franky, kannst du mehr als nur ‚Ja' oder ‚Weiß nicht' sagen?"
„Weiß nicht."
Sie lachte, und wenn sie lachte, bedeckte sie stets ihren Mund mit der rechten Hand.
„Magst du Katzen?"
„Katzen?"
„Ja. Katzen."
„Weiß nicht."
„Ich habe zwei. Eine hat gerade Junge bekommen. Du kannst sie dir anschauen, wenn du willst."
„Weiß nicht. Ja."
„Weiß nicht oder ja?"
„Ja."

Laura lachte. „Was macht dein Vater, Franky?“

„Mein…?“

„Vater.“

„Ja.“

„Was macht er?“

„Toiletten...“

„Er macht Toiletten?“ Die Ironie in ihrer Stimme hatte keine Spitzen. Nichts Verletzendes.

„Weiß nicht.“

„Hat er die Toilette erfunden?“

„Weiß nicht.“

Wieder lachte sie.

Franky spürte, wie ihn jemand mit voller Wucht gegen die Wand presste.

„He, Franky? Was macht dein Vater? He?“

Laura drängte sich zwischen die beiden und stellte sich schützend vor Franky. „Verzieh dich und nimm deine dreckigen Pfoten von ihm.“

„Stehst du jetzt auf Vollidioten, Laura?“

„Verschwinde einfach.“

„Gut. Na gut“, sagte Michael lauter als nötig und marschierte weiter. Nach ein paar Schritten drehte er sich um. Sein Blick – eine lautlose Kriegserklärung.

Nur wenige Stunden später hatte der Krieg begonnen. Während Franky behutsam einen Fuß vor den anderen setzte, versuchte er mit den Ärmeln das Blut aus seinem Gesicht zu wischen. Jegliches Zeitgefühl war ihm abhandengekommen. Wie lange hatte Michael auf ihn eingedroschen? Wie lange hatte er zusammengekauert auf dem Boden gelegen? Es rauschte in seinen Ohren. ‚Schneller, lauf ein bisschen schneller, Franky’, ermahnte er sich selbst.

Laura öffnete die Tür, ihre Eltern waren nicht zuhause. Sie nahm seine Hand und führte ihn in den Garten. „Da hinten in dem Korb liegen die Katzenbabys, ich bin gleich wieder da.“

Sie kam mit einem feuchten Lappen zurück, reichte ihm das Tuch ganz beiläufig. Und da wusste Franky, dass er Laura lieben könnte. Sie hatte ihm im richtigen Moment keine Fragen gestellt.

*

26. Dezember - 27.Dezember   Gibsonton - Tempa, Florida

Al Tomaini, der Riese; Priscilla, das Affen-Mädchen; Dotty, die fette singende Lady. Schausteller, Zirkusleute, Freaks, sie alle haben einst in Gibsonton gewohnt, überwintert oder ihren Lebensabend verbracht. Damals gab es in der Post einen Extraschalter für Zwerge, und der Obststand gehörte siamesischen Zwillingen.

„Vielleicht müssen wir jemandem etwas zahlen, damit sie uns die Zwerge zeigen", sagt Johannes.

„Zwerge?"

„Ja, oder Riesen."

„Glaubst du, man sperrt die hier mittlerweile weg?"

Wir lachen und stellen uns vor, wie wir an Haustüren klopfen, mit ein paar Dollarscheinen wedeln und nach den Zwergen fragen.

Ich weiß nicht, was genau wir erwarten, aber wir sind uns sicher, dass wir in Gibsonton etwas ganz Besonderes finden werden. Insgeheim hoffe ich auf einen pensionierten Zirkuselefanten im Vorgarten.

Wir fahren auf den Schotterparkplatz des Motels. Eine Handvoll Gäste – hier kann man die Zimmer auch monatsweise mieten – beäugen den schwarzen Passat. Eine Welle von Feindseligkeit und Neugier schlägt uns entgegen – mehr Feindseligkeit als Neugier.

„Aussteigen?"

„Nein."

„Erst mal rumfahren und dann was essen?"

„Ja."

Keine Elefanten in Gibsontons Vorgärten, keine Zwerge, keine Riesen.

Draußen scheint die Sonne, in der Bar ist es dunkel.

Von hinten könnte sie zwanzig sein, doch ihrem Gesicht sieht man die fünfzig an. Die blondgefärbten Haare trägt sie hüftlang.
Wir bestellen irgendetwas Frittiertes und Bier.
„Wie ist denn das Motel am Ende der Straße?"
Ihre Augen verengen sich zu Schlitzen. „Da würde ich nicht mal meinen Hund übernachten lassen."
„Wirklich?"
„Was treibt euch denn nach Gibsonton?"
'Zwerge', denke ich.
„Wir machen einen Roadtrip", sagt Johannes.
Die Blonde lacht. „Ihr könntet überall sein, und ihr seid hier? Gibsonton ist ein Dreckloch."
„Was ist mit den Zirkusleuten?", fragt Johannes.
„Das ist schon eine Ewigkeit her."
Wir essen, wir trinken und sagen auf Wiedersehen. Nicht weit von unserem Auto entfernt parkt ein Pick-up, der Motor läuft. Ich erkenne den Fahrer wieder - vorhin hat er vor dem Motel gestanden. Er beobachtet uns. Wir steigen in den Passat, sehen uns an.
Es ist erst vorbei, wenn die fette Lady gesungen hat.
Aber die fette Lady singt schon lange nicht mehr in Gibsonton.
Also weiter.

*

Snoopy und Woodstock zieren seine Krawatte. Das dicke Gesicht glänzt rot.
Wir sind in Tempa auf der Suche nach einem Zimmer.
Seine speckigen Finger huschen über die Computertastatur. Zuerst ruhig, dann fangen sie an zu zittern. „Das ist mein erster Tag hier", sagt er entschuldigend, „einen Augenblick noch." Nach zwanzig Minuten überreicht er uns zwei Plastikkarten.

Das Zimmer ist heruntergekommen – egal. Das Fenster ist kaputt – nicht weiter schlimm. Die Toilette ist auch kaputt – das stört immens. Ich gehe zurück in die Lobby.

„Leider habe ich jetzt nichts anderes mehr frei", sagt er.

„Gibt es denn hier unten eine Toilette?"

„Ja, aber die ist leider kaputt."

„Da kann man wohl nichts machen."

„Leider, nein."

Duschen, umziehen. Und wieder zurück in die Lobby:

„Können Sie uns ein Taxi rufen?"

Nervös fummelt er an seiner Krawatte. „Leider ist das Telefon kaputt. Leider." Er lächelt verlegen.

Ich lächle zurück. „Hier ist heute eine ganze Menge kaputt."

„Ja...", seufzt er. „Es tut mir wirklich leid, ich bin einfach froh, wenn dieser Abend vorbei ist."

Es ist erst vorbei... Aber in Tempa hat die fette Lady wahrscheinlich niemals gesungen.

*

Crystal Arc
Supreme

Frankys Geschichte

Kapitel 5

Er wusste, dass es zwecklos war, seinen Vater zu bitten, den Ton wieder anzustellen.

Ryan Perkins hatte sowohl Franky als auch Tante Virginia zu verstehen gegeben, dass der Fernseher sein ganz persönliches Eigentum war und keiner der beiden das Recht hatte, den Kasten auch nur zu berühren. Manchmal drehte Ryan während einer einzigen Sendung den Ton viermal aus und wieder an. So auch an diesem Abend. Und während alle anderen Amerikaner, die vor dem Fernseher saßen, Elvis Presley *Ready Teddy* singen hörten, sah Franky einen tanzenden Mann, dessen schwingender, zuckender Körper ihm eine ganz eigene Geschichte erzählte.

*

28. Dezember – 29. Dezember New Orleans, Louisiana

„Hey, bleibt stehen."
Es ist Mittag in New Orleans.
„Habt ihr ne Zigarette?"
„Hier."
„Sehr schön. Sehr schön. Habt ihr auch zwei?"
„Du kannst die ganze Packung haben."
„Sehr schön. Hey, wollt ihr ein Brautkleid kaufen?"
„Nein."
„Ihr habt es doch noch gar nicht gesehen."
„Wir brauchen kein Brautkleid, wirklich nicht."
„Ach ja? Woher wollt ihr das wissen? Ist ein hübsches Brautkleid."
„Es ist bestimmt hübsch."
„Also doch?"
„Nein."
„O.k., dann halt nicht. Brad Pitt war hier. Er hatte eine Jacke an. So eine. Genau so eine", er zupft an Johannes' Ärmel, „und er hat sie mir geschenkt."
„Sorry, ich kann dir meine Jacke nicht schenken."
„Nein? Brad Pitt hat mir seine geschenkt."
„Dann hast du ja eine. Ich habe auch nur eine."
„Aber ich hab sie verkauft. Jetzt hab ich keine mehr. Hab nur noch das Brautkleid. Hey, wollt ihr ein Brautkleid kaufen?"

*

Fujicolor
Crystal Archive Paper
Supreme
FUJIFILM

Wenn sie nicht auf der Bühne steht, steht sie hinter dem Tresen. Meistens steht sie hinter dem Tresen und nicht auf der Bühne. Aber wenn sie auf der Bühne steht, singt sie.
„In der Jukebox ist eine Single von mir."
Ihre Stimme hallt aus den Boxen.
„Das bin ich", sagt sie und fährt sich mit der Hand durch die roten Locken.
„Ich bin nie davon ausgegangen, dass ich von meiner Musik leben kann. Ich habe nie etwas erwartet oder auf etwas gewartet."
Und dann erzählt sie von einem guten Freund. Er war Anwalt, ein erfolgreicher Anwalt. Aber eigentlich wollte er schreiben – über Musik und Musiker. Mit Mitte sechzig ging er in Rente und verfasste seinen ersten Artikel.
„Er hat mich angerufen, er hat über mich geschrieben. Zwei Tage später war er tot."
„Na, wenn man tot ist, ist es doch eh egal, ob man Anwalt oder sonst was war", sagt der Mann neben mir.
„Ach Jeff, du hast es nicht verstanden", antwortet sie.
Die Jukebox spielt *Love me tender.*
„Kennst du Elvis?", fragt Jeff mich.
„Wer kennt Elvis nicht?"
„Ja, Elvis war berühmt, und ich war mal fast berühmt."
„So?"
„Baseball am College. Ich war der beste Pitcher. Ich war verdammt, verdammt gut."
„Was ist passiert?"
„Mein Arm. Ausgekugelt, gebrochen. Danach war es vorbei. Aber vielleicht ist es besser, dass ich nicht berühmt geworden bin. Ich hätte das ganze Geld eh nur verprasst."
„Wofür?"
„Frauen, Frauen und nochmals Frauen." Er lacht. „Seid

ihr Silvester noch hier?"
„Nein."
„Schade. Wir lassen am Fluss Lichter aufsteigen. Und dann kann man sich was wünschen."
„Was wirst du dir wünschen?"
„Dass ich in der Lotterie gewinne."
„Und was machst du dann mit dem Geld?"
„Frauen, Frauen und nochmals Frauen."
„Gibt Schlechteres", sage ich und erhebe mein Glas.
Ein grauhaariger Mann drängt sich zwischen uns. „Jeff, was erzählst du für einen Schwachsinn, du bist nicht berühmt und du warst nie berühmt."
„Wir reden über Elvis", verteidigt Jeff sich.
„Elvis... Da habe ich eine Geschichte für euch. Meine Exfreundin war bei einem Elvis-Konzert in Newport. Sie saß vorne in der ersten Reihe, und die ganze Zeit hat sie Elvis' Schwanz hin und her schaukeln sehen. Das Bild hat sie nie mehr aus dem Kopf bekommen. Elvis' schaukelnden Schwanz."
„Ja, Elvis war berühmt", sagt Jeff.

*

Frankys Geschichte

Kapitel 6

Das Tier lag tot zu seinen Füßen, es hatte einfach aufgehört zu atmen. Immer wieder tippte Franky mit seinen Zehen gegen das Kätzchen. Doch was einmal gestorben ist, wacht nicht wieder auf. Das wusste Franky, schließlich hatte er seine Mutter sterben sehen. Er würde die Katze vermissen. Aber das Gefühl, etwas zu vermissen, war ihm vertraut, seine Mutter fehlte ihm jeden Tag. Was er wirklich fürchtete , war die Begegnung mit Laura. Laura – das Mädchen, das er liebte. Vor wenigen Monaten erst hatte sie ihm die Katze geschenkt. Es war das schönste Geschenk, das er jemals bekommen hatte. Lebendig – bis zu diesem Morgen.

Die Stimme seiner Tante Virginia hallte durch das Haus, während Franky nach Worten suchte. Worte, die Laura verständlich machen würden, dass er sich gut um das Tier gekümmert hatte, dass er schuldlos war an dessen Tod. Virginia riss die Tür auf, riss ihn aus seinen Gedanken. „ Ich rufe dich schon seit zwanzig Minuten."

Ihr Blick fiel auf die Katze. „Ist sie tot?"

„Ja."

„Gibt Schlimmeres", sagte sie und packte das Tier am Schlafittchen. „Beeil dich."

„Warum warst du zu spät?"

Er senkte sein Haupt.

„Was ist los?"

Lärmende Schüler zogen an ihnen vorbei und zwangen Laura, ihre Stimme zu heben. „Franky, ich rede mit dir. Was ist denn? Magst du mich nicht mehr?"

Er wollte so viel sagen, doch kein Satz kam über seine Lippen. Der rechte Fuß begann zu wippen. Dann der linke, bis sein ganzer Körper sich in einem Rhythmus wiegte, den nur er hören konnte. Arme, Beine und Hüften versuchten zu erklären, wofür Franky keine Worte hatte. Ein paar Jungs blieben stehen und lachten, aber der Spott prallte an Franky ab, denn Laura lachte nicht.

„Kommt mit in mein Büro", sagt er. Wir folgen ihm durch die erste Tür auf dem langen Flur. Sein Büro erinnert an ein Wohnzimmer – eigentlich ist es ein Wohnzimmer. Er legt sich auf die braune Couch, das Herzstück des gnadenlos überheizten Raumes. Kekse, Orangen, Fernbedienung, Cola, Gewehr, alles in Reichweite. Er muss nur seinen Arm ausstrecken und kann wahlweise essen, fernsehen, trinken oder jemanden erschießen.
„Wir hatten Sie angerufen."
Er nickt. „Nennt mich einfach Rat."
„Wir brauchen ein Zimmer für zwei Tage."
„Eine Menge Leute wollten nur zwei Tage bleiben. Und sind dann sechs Monate geblieben."
Wir rauchen, während Rat uns die Geschichte des Riverside Hotels erzählt. Einst war es ein Hospital für Afro-Amerikaner. 1937 ist Bessie Smith hier gestorben. In den Vierzigern hat Rats Mutter das Haus gekauft und in ein Hotel umgewandelt. Blues-Legenden wie B.B. King, Bo Diddley, Son House oder Muddy Waters haben hier genächtigt. Und Ike Turner war einer jener Gäste, die sechs Monate geblieben sind.
Nach dem Tod seiner Mutter hat Rat das Hotel übernommen.
„Dreizehn Tage und Nächte saß ich im Krankenhaus an ihrem Bett. Dann bin ich nach Hause gegangen, ich war so müde. Wollte ein paar Stunden bequem schlafen. In dieser Nacht ist sie gestorben. Vielleicht muss man zum Sterben allein sein."
Rat erhebt sich. „Kommt, ich zeige euch jetzt die Zimmer, und dann könnt ihr euch eins aussuchen. Alles frei im Moment."

Home Of the Delta Blues
RIVERSIDE HOTEL
615

Die Einrichtung hat sich seit den Vierzigern nicht verändert. Jeder Raum steckt voller Erinnerungen, doch allmählich wird Rat müde, seine Stimme leiser und die Worte unverständlich.
Wir entscheiden uns für das Zimmer, in dem vor vielen, vielen Jahren Aretha Franklin geschlafen hat.
„Muss mich hinlegen", sagt Rat, „das ist jetzt euer Zuhause. Bezahlen könnt ihr morgen früh." Er schlurft den Gang entlang, dreht sich noch einmal um. „Cash."
Es ist heiß in unserem neuen Zuhause. Wir schalten den Ofen aus.

Am nächsten Morgen überreichen wir Rat das Geld. Er liegt auf seiner Couch, der Fernseher läuft tonlos im Hintergrund und der Heizofen auf Hochtouren.
„Setzt euch", sagt Rat. Seine Finger umklammern die Banknoten. „Man sollte immer hundert Dollar für den Notfall dabeihaben. Einen Schein, den man nicht anrührt. Seit Jahrzehnten habe ich einen in meiner Geldbörse. Zwanzig Dollar bringen nichts. Aber hundert – ja, mit hundert kommt man ein Stück vorwärts. Nicht weit, aber zumindest ein Stück vorwärts."
Wir nicken und schwitzen.
„Was wollt ihr heute machen?", fragt er.
„Erst mal frühstücken."
Rat erklärt uns den Weg zu einem Diner. Er beschreibt jedes Gebäude, das wir passieren werden, inklusive der wahrscheinlich davor parkenden Autos. Ampeln, Stoppschilder und was wir sehen werden, wenn wir nach rechts oder links schauen, finden in Rats Ausführungen Erwähnung, nur Straßennamen kommen nicht vor.
Wir stehen vor dem Hotel.
„Hast du dir irgendetwas merken können?", frage ich Johannes.
„Nein."

Die gute Fox hat das Diner auf dem Radar. Nicht einmal drei Minuten dauert die Fahrt.

Später lernen wir Rats Frau und ihre Sorgen um unseren Herbergsvater kennen. Sein Herz ist schwach. Er soll nicht auf der braunen Couch schlafen, sondern abends nach Hause kommen. Nicht mit dem verdammten Gewehr rumspielen, regelmäßig essen und vor allem lüften. „Stur ist er", sagt sie, „wie ein kleines Kind."

*

Silvester in Clarksdale

19.30 Uhr:
Wir betreten das 'Ground Zero'. Live-Musik und Frittiertes. Auf den Tischen liegen weiße Hüte aus Plastik und Haarreifen mit Federschmuck. Wir bestellen Whiskey.
20.00 Uhr im 'Ground Zero':
Wir haben weiße Hüte auf und sind betrunken.
20.30 Uhr im 'Ground Zero':
Johannes hat immer noch einen weißen Hut auf, ich trage Federn auf dem Kopf.
21.30 Uhr Parkplatz des 'Ground Zero':
Wir sitzen im Auto und rauchen einen Joint. Die Fenster sind geschlossen, damit keiner, der vorbeikommt, das Gras riechen kann.
21.45 Uhr Parkplatz des 'Ground Zero':
Wir stellen fest, dass es in unserem Auto bestialisch nach Gras riecht.
22.15 Uhr 'Red's Lounge':
Auch hier gibt es Live-Musik, allerdings steht die Band nicht wie im 'Ground Zero' auf einer Bühne, sondern mitten im Raum. Tanzende, Stühle, Musiker, Tische – alles scheint miteinander verwoben zu sein. Und doch sticht eine Person hervor. Man nennt ihn *Little Pooh.* Kleiner Scheißer. Pooh ist neun Jahre alt.
Ich denke an ein Buch, das ich vor vielen Jahren gelesen habe: *Bring mir das Einhorn*, die autobiographischen Aufzeichnungen von Anne Morrow Lindbergh. Annes Mutter gibt ihrer Tochter in einem Brief ungefähr folgenden Rat: Wenn du etwas tust, dann tue es mit der ganzen Kraft deines Herzens, mit deiner ganzen Leidenschaft.
Dieser Gedanke wird körperlich, wahrhaftig, wenn man Pooh das Tamburin spielen sieht.

Heineken
MAPEX

Heineken
MAPEX

„Das ist mein Enkel." Eine korpulente Frau in einem prächtigen silbernen Kleid steht neben uns. „Ich bin Estella. Kommt mit, ich stell euch meinen Mann vor."
Wir folgen ihr, schlängeln uns durch die tanzenden Menschen.
Er sitzt im Rollstuhl. Ich reiche ihm meine Hand.
„Ich war sechs Mal verheiratet, hab 26 Kinder. *I am a ladies man and you're a fine white lady.*" Das sind die ersten Sätze, die der Blues-Sänger T-Model Ford zu mir sagt.
Wahrscheinlich ist er 92, so genau weiß er das nicht. Letztes Jahr stand er noch auf der Bühne, aber mehrere aufeinanderfolgende Schlaganfälle haben ihn gezwungen, momentan zu pausieren.
T-Model Fords Karriere hat spät begonnen.
Ehefrau Nummer fünf hat ihm eine Gitarre und einen Verstärker geschenkt.
Was er mit dem Scheißzeug solle, hat er gefragt. „Hör gefälligst auf, mein Geld für so einen Schwachsinn rauszuhauen. Ich habe keine Ahnung von der verdammten Gitarre. Weiß ich, wie man das Ding spielt?"
„Du kannst es doch lernen."
„Bleibst du dann für immer bei mir?", wollte er wissen - mehr als einmal hatte sie ihn sitzenlassen.
„Ja", lautete ihre Antwort. Wenige Tage später verließ sie ihn endgültig. Daraufhin packte T-Model Ford die Gitarre aus. „Hab's mir selber beigebracht. Den Blues."
Da war er bereits Ende fünfzig.
Jeden Abend hat T-Model auf seiner Veranda gespielt und gesungen. Leute kamen, um ihn zu hören, „ne Menge Frauen."
Dreißig Dollar - die Gage für seinen ersten Auftritt in einer Bar.
„Der Laden war voll. Ne Menge Frauen. Die Frauen mochten mich schon immer."

Mit 75 nahm er sein Debütalbum auf und tourte durch die ganze Welt.
Nach und nach lernen Johannes und ich den Rest der anwesenden Familie kennen. Estellas Sohn T, Nichten, Neffen, Cousinen und noch mehr Enkelkinder.
Die Lichter gehen an:
Wir verabschieden uns von den Fords und versprechen, sie übermorgen in Greenville zu besuchen.
Draußen ist es noch dunkel. Wir laufen nach Hause.
Die Tür des Riverside Hotels ist nicht abgeschlossen, Rats Wohnzimmer-Büro hell erleuchtet. Der Heizofen abgeschaltet. Zum ersten Mal hat man nicht das Gefühl, eine Sauna zu betreten.
Rat hockt auf der braunen Couch. Im Halbkreis um ihn herum seine Frau, seine Tochter und zwei Freunde. Alle blicken besorgt in seine Richtung.
Sie waren bei Bekannten eingeladen, aber noch bevor sie das Haus verließen, ist Rat zusammengeklappt. „Das Herz", sagt die Frau.
Rat schüttelt den Kopf. „Die Kekse sind schuld", sagt er. „Erdnussbutter."
Jetzt schüttelt seine Tochter den Kopf.
Ins Krankenhaus wollte er nicht. Und nach Hause will er auch nicht. Er will auf seiner braunen Couch schlafen.

*

2. Januar 2013 Greenville

Es riecht nach Gras, kaltem Rauch und meinem Parfum. Wir fahren mit offenen Fenstern Richtung Greenville. Eine Flasche Jack Daniel's und eine Flasche Maker's Mark liegen auf der Rückbank. Gastgeschenke für den Ford-Clan.

Estellas Sohn T öffnet uns die Tür. „Putze gerade", sagt er und hält einen Lappen hoch. „T-Model ist in seinem Zimmer. Die anderen sind noch unterwegs. Geht rein, er wartet schon auf euch."

Der *ladies man* liegt in seinem Bett.

Silvester – mit hellem Nadelstreifenanzug und schwarzem Hut – hat man ihm die Schlaganfallserie trotz Rollstuhl kaum angemerkt. Doch jetzt wirkt er zerbrechlich wie ein kleiner Vogel, der aus dem Nest gefallen ist.

Johannes stellt die Flasche Jack Daniel's auf den Nachttisch. Der Sänger lächelt.

T-Model Ford erzählt aus seiner Vergangenheit.

Er durfte nicht zur Schule gehen. Lesen und schreiben hat er nie gelernt. Schon als Kind musste er arbeiten. „Hart arbeiten."

Die Mutter erwähnt er nicht.

Der Vater? „Brutal. Einmal hat er einen Holzstock so fest zwischen meine Beine gerammt, dass ich einen Hoden verloren habe."

Während der Sänger spricht, verraten Stimme und Körper, wie erschöpft er wirklich ist. Nur seine fast schwarzen Augen leuchten unendlich lebendig.

T-Model Ford war noch jung, als er wegen Mordes verurteilt wurde. „Der Typ hat zuerst zugestochen. Hätte ich ihn nicht umgebracht, hätte er mich umgebracht."

„Reue?"

„Da gibt's nichts zu bereuen."

Zehn Jahre Strafkolonne lautete das Urteil, aber T-Model hat nur zwei davon verbüßen müssen. Ich frage ihn, wann das genau war. Seine Antwort: ein Lachen. „Hier", sagt er und streckt sein Bein aus. „Wann? Was weiß ich, wann. Das hier bleibt." An den Fußgelenken Narben von den Eisenketten.
T kommt rein. „Hey, Estellas Wagen ist liegengeblieben. Ihr habt doch ein Auto. Wir müssen sie holen."
Johannes und T machen sich auf den Weg. Ich bleibe. Sitze an Fords Bett. Er hält meine Hand.
„Was war mit den sechs Ehefrauen?", frage ich.
Nummer eins ist mit seinem eigenen Vater durchgebrannt. Die zweite hat Gift genommen und ist gestorben. Sie war schwanger und wollte so das Kind abtreiben.
Ehefrau Nummer drei oder vier, so genau weiß er das nicht mehr, hat versucht, ihn zu vergiften. Beim Frühstück. „Und die habe ich wirklich geliebt." Er sieht mich an. *„You are a fine white lady..."* Die restlichen Worte nur noch ein Murmeln. Dann schließt T-Model Ford die Augen. Alle Kraft weicht aus der Hand des Blues-Sängers. Jetzt halte ich sie. Es ist still. 'Bitte nicht sterben, bitte nicht', denke ich. Er atmet. Er döst nur.
Nach wenigen Minuten schlägt er die Augen wieder auf. „Früher sind ne Menge Frauen zu mir nach Hause gekommen."
„Um dich singen zu hören?"
Er lacht.
„Ich würde dich gerne singen hören."
„Bald singe ich wieder", sagt er und schläft ein. Ich lasse seine Hand nicht los. „Ich passe auf dich auf. Ich passe auf, dass du nicht stirbst", flüstere ich. „Nicht jetzt, das verspreche ich dir."

Es ist erst vorbei, wenn die fette Lady singt, und heute singt hier keiner mehr.

*

NACHTRAG

Frank „Rat" Ratliff starb am 28. März 2013

T-Model Ford starb am 16. Juli 2013

*

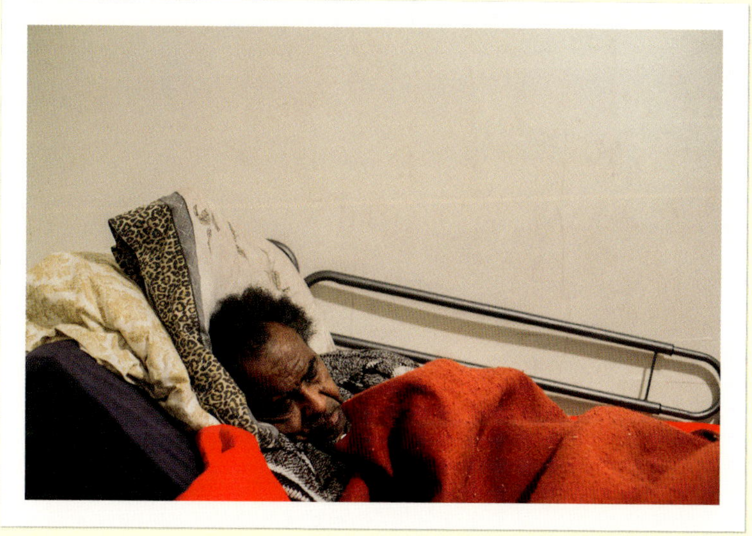

Frankys Geschichte

Kapitel 7

Die Musik hallte laut aus den Boxen. ‚Lass es nicht enden', betete er nach jedem Lied. Hier fühlte Franky sich sicher. Sicher und frei. ‚Lass es für immer weitergehen. Lass es für immer weitergehen.'
Laura zupfte an seinem Arm. „Ich habe Durst", sagte sie und führte ihn von der Tanzfläche in den Garten.
Der Punsch schmeckte grauenhaft süß, trotzdem leerte Franky das Glas in einem Zug.
„Willst du noch einen?", fragte sie und nippte an ihrem Getränk.
Er schüttelte den Kopf. Laura seufzte zweimal laut, zweimal leise.
„Franky, wie stellst du dir eigentlich die Zukunft vor?"
„Ich... Ich... Weiß nicht."
„Willst du mit mir zusammen sein? Ich meine, auch wenn wir erwachsen sind?"
Franky nickte.
„Und dann? Wie werden wir leben?"
„Weiß nicht. Wir leben... Zusammen... Wir leben zusammen."
„Das ist alles?"
„Ist das nicht viel?"
„Ach Franky." Sie lachte und hielt sich die Hand vor den Mund, um ihre spitzen Eckzähne, die sie so hasste, zu verstecken. „Wovon träumst du? Werden wir hier in Bordentown wohnen oder die ganze Welt bereisen? Werden wir ein Kind haben oder zehn? Wie stellst du dir das Leben vor?"
„Ich...", stammelte er.
„Wie, Franky?" Ungeduld klang in ihrer Stimme. „Wie?", wiederholte sie.
„Ich mag deine Zähne", sagte er.

*

4. Januar 2013 Memphis, Tennessee

Mittlerweile bin ich froh, dass uns der weiße Titan gerammt hat. Denn wären wir wie geplant mit Frankys Auto losgefahren, würde diese Reise anders verlaufen. Und auch seine Geschichte wäre eine andere. Fiktion und Realität unterliegen wohl beide dem Zufall.

Wir folgen den Schildern. Graceland – das einst von Elvis bewohnte Anwesen in Memphis. Das Haus, in dem der King gestorben ist.
„Da", sage ich und deute Richtung Auffahrt.
„Meinst du, man kann direkt davor parken?"
„Warum nicht?"
Ein Wachmann stellt sich uns in den Weg.
„Stopp. Stopp. Wo wollt ihr hin?", fragt er.
„Graceland", antworten wir.
„Ja, da wollen viele hin." Er lacht. „Der Besucherparkplatz ist auf der anderen Seite."
Wir folgen den Schildern - Graceland Besucherparkplatz. Passat abstellen. Schlange stehen. Tickets kaufen.
Wir entscheiden uns für die Gold-Tour.
Schlange stehen. Audiogeräte werden ausgeteilt. Verhaltensregeln erläutert. Man pfercht uns in einen Bus.
Losfahren. Der Bus hält direkt vor Elvis' Tür. Aussteigen. Noch mehr Verhaltensregeln. Schlange stehen. Jetzt darf unsere Gruppe das Gebäude betreten. Frauen mit Tränen der Rührung in den Augen, Familienväter, die ihre plärrenden Kinder zurechtweisen. Wohnzimmer, Küche, Esszimmer, Poolzimmer, Spielzimmer...
Später sehen wir Elvis' Bühnenkostüme, seine Autosammlung, seine Flugzeuge. Und dann endet die Gold-Tour.

Wir kaufen eine Elvis-Tasse in einem der vielen identischen Souvenirshops und trinken eine überteuerte Cola, die nach Chlor schmeckt. „Er ist nicht tot“, flüstert eine Dame um die vierzig ihrer Freundin zu. Ich denke an Rats Worte. Rat, der dreizehn Nächte am Krankenbett seiner Mutter gesessen hatte. „...Vielleicht muss man zum Sterben allein sein.“

*

N77

KID

HONDA

5. – 6. Januar 2013 Paris, Texas

Flohmarkt in Paris, Texas
Preise, nach denen ich mich erkundigt habe:

Eine Ente (lebend): 14 Dollar

Ein paar Cowboystiefel: 37 Dollar

Ein Hundewelpe (lebend): 25 Dollar

Ein Maschinengewehr (gebraucht): 1400 Dollar

Ich will die Ente haben. Ich will die Ente befreien oder sie mit auf die Reise nehmen. Johannes verdreht die Augen.
„Die stirbt sofort. Die kennt nur das Leben in einem Käfig, und man hat ihr die Flügel gestutzt. Sie kann nicht mal fliegen."
„O.k., aber wir würden ihr einen Tag in Freiheit schenken. Oder zumindest ein paar Stunden, und dann könnte sie glücklich sterben."
„Komm weiter."
„Ist ja gut. Was ist mit dem Hundebaby?"
„Oh man."
„Maschinengewehr?"
„Ist nicht im Budget."
„Siehst du, und die Ente kostet nur 14 Dollar."

*

7. Januar 2013 Breckenridge/Lake Daniel, Texas

Lake Daniel. Ein See in Texas. Ungesehen habe ich ihn als einen der Schauplätze meines zweiten Romans gewählt.
Jetzt bin ich in Texas. Jetzt möchte ich am Ufer meiner Fiktion stehen.

Ein Motel in Breckenridge. Abends. Leichter Regen.
„Wie viele Nächte?"
„Eine Nacht. Kennen Sie den Lake Daniel?"
„Schon mal gehört, ja."
„Der muss hier ganz in der Nähe sein."
„Ja, Lake Daniel... Aber wie man dahin kommt, weiß ich nicht. Morgen früh ist mein Mann da, der weiß das bestimmt."

Ein Motel in Breckenridge. Morgens. Leichter Regen.
„Ihre Frau hat uns gestern gesagt, dass sie uns vielleicht helfen können. Wir möchten zum Lake Daniel."
„Lake Daniel? Der ist ausgetrocknet."
„Ausgetrocknet? Wann?" Ich klinge hysterisch.
„Ist schon ne Weile her. Vor fünf oder sechs Jahren."

Ein Motelparkplatz in Breckenridge. Morgens. Leichter Regen.
„Super recherchiert, Astrid."
„Das kann nicht sein."
„Ist aber so."
„Ich will trotzdem hin."

Im Auto auf der US 183 S. Morgens. Strömender Regen.
Ich habe auf Google Maps eine Wegbeschreibung rausgesucht.

„Irgendwann kommt die County Road 148, da müssen wir rechts abbiegen, und dann fahren wir theoretisch genau auf den See zu."
„Den See, den es nicht mehr gibt", sagt Johannes.
Ich versuche, Fox zum Mitmachen zu bewegen. Aber Fox schweigt. Nur die Rolling Stones singen *„All down the line and we'd better keep the motor running, yeah..."*
„Da. 148."
Die Straße mündet in einen unbefestigten Weg.
„Und jetzt?"
„Weiter."
„Bitte", füge ich hinzu.
Der Regen wird stärker, die Sicht schlechter, und der schwarze Passat läuft Gefahr, im Schlamm steckenzubleiben. Aber wir fahren, fahren, bis ein Gatter uns endgültig zum Anhalten zwingt.
Vergeblich? Mitnichten.
Hinter dem Zaun - ja, vielleicht war er einmal größer, doch es gibt ihn noch - liegt der Lake Daniel.
Wir steigen aus und laufen zum Wasser.
Ich stehe am Ufer. Mich erfüllt der Gedanke, dass der See nur existiert, weil ich ihn in einem Roman verewigt habe.
„Hier hätten wir die Ente freilassen können", rufe ich Johannes zu.
Seine Antwort geht im Regen unter.
Ich hebe ein paar Steine auf, und beinahe hätte ich sie übersehen. Ich weiß, dass es eine Taubenfeder ist, aber in diesem Moment will ich glauben, dass eine Ente aus Paris, Texas, sie an meinem Lake Daniel verloren hat.

*

8. - 10. Januar 2013 Marfa, Texas

Die Straßen werden leerer, der Himmel weiter. Der Himmel – tausendfach beschrieben, beschworen, beweint. Fast nur noch eine Metapher, ein Symbol. Doch der texanische Himmel ist wirklich und in seiner ganzen Wirklichkeit so gewaltig, dass er einen verstummen lässt.

Marfa, ein kleiner Ort in der Wüste, *far, far west*, ist für zwei Dinge bekannt: den Künstler Donald Judd und die Marfa lights.

Donald Judd
In den Gebäuden und auf dem Gelände der von Judd gegründeten Chinati Foundation sind sowohl seine Werke als auch die anderer bedeutender Künstler zu sehen. Judd hat Anfang der siebziger Jahre New York verlassen und in der Wüstenstadt eine neue Heimat gefunden. Wahrscheinlich sollte man sich die Ausstellung anschauen, wenn man schon mal hier ist. Wir tun es trotzdem nicht.

Marfa lights
Es ist eiskalt. Johannes und ich stehen auf einer Aussichtsplattform, starren in die Dunkelheit, starren ins Nichts.
Die Legende besagt, dass die mysteriösen Lichterscheinungen die Seelen ermordeter Apache-Indianer sind.
Viele Zigaretten später:
Zwei kreisrunde Lichter. Sie tanzen. Verschwinden. Tauchen wieder auf. Nach ein paar Minuten ist das Schauspiel vorbei.

OPEN

Ich freue mich, dass ich etwas Paranormales gesehen habe, ich freue mich, dass wir endlich ins Warme können.

Lost Horse Saloon

Einiges in Marfa erinnert an New York, London oder Berlin. Der Kaffee, die Restaurants, die Menschen, nicht so das Lost Horse. 'Das ist Texas', denke ich, als wir den Saloon betreten. 'Und das ist ein Cowboy. '
Ich schaue dem Mann hinter der Theke in die Augen. Genau genommen in ein Auge, das rechte bedeckt eine lederne Augenklappe.
Wir bestellen Bier und Whiskey.
Ich gehe zur Toilette. Auf dem Rückweg wäre ich fast über einen Hund gestolpert. Ich bücke mich, streichle den dicklichen Blue Heeler.
„Sie heißt Quattro", sagt eine tiefe Stimme. Ich blicke auf. Der Cowboy steht vor mir.
„Ist das dein Hund?"
Es ist nicht nur sein Hund, sondern auch sein Saloon. Ich folge Mann und Tier in das Raucherzimmer.

Manche Gesichter erzählen eine Geschichte. Sein Gesicht – er heißt Ty – erzählt tausend Geschichten. Es sind nicht nur die Narben, die gegerbte Haut, die Augenklappe, da ist etwas in seinen Zügen, das mich an den texanischen Himmel denken lässt.

Er sieht nicht nur aus wie ein Cowboy, er ist auch ein Cowboy. Die Ranch, auf der er seit langer Zeit arbeitet, grenzt unmittelbar an Mexiko.
Ty hatte mal eine eigene Ranch, jetzt hat er einen Saloon.
Mit fünf Jahren ist er das erste Mal von zu Hause abgehauen.

„Ich laufe fort, um die Welt zu sehen."
„Wenn du meinst", hat seine Mutter geantwortet und ihm ein Bündel gepackt.
Einige Minuten stand er auf der Straße und wusste nicht, was er tun sollte. Wo geht man hin, wenn man die Welt sehen will? Er schlug den einzigen Weg ein, den er kannte.
Vor dem Haus seines Lieblingsonkels – nur wenige Blocks entfernt – angekommen, hatte das Kind seine Pläne bereits vergessen.
Aber es blieb nicht der letzte Versuch, die Welt zu sehen. Seine Mutter sagt, er sei unter einem *wandering star* geboren.
Nach der Highschool schmuggelte er für einen bekannten Drogenboss Waffen über die mexikanische Grenze. Vor einigen Jahren schrieb ein New Yorker Künstler einen Essay über diese Episode in Tys Leben.
Er lacht. „Und das hat mir eine Menge Ärger beschert."
Er war bei der Navy, kämpfte, wäre fast ertrunken und hat schließlich die ganze Welt gesehen.
Ab und zu steht Ty vor der Kamera. Er ist kein Schauspieler, „aber wenn sie einen Cowboy brauchen, mache ich es."
Wie wir von den Marfa lights auf den Tod kommen, weiß ich nicht mehr.
„Ich habe keine Angst vor dem Tod", sagt er. „Ich bin bereit. Das bedeutet nicht, dass ich sterben will, aber ich bin bereit."
„Jetzt?"
„Wenn es sein muss."
„Würde es dir nichts ausmachen, bestimmte Menschen nie wieder zu sehen? Alles, was du kennst, für immer zu verlassen?"

LOST

Er rollt eine Zigarette, dann schaut er mich an. „Wenn ich draußen auf der Ranch übernachte, neben mir mein Pferd und über mir nur der Himmel, denke ich manchmal: Das ist so schön, ich möchte nicht, dass es vorbeigeht."

Ein Bier später sind wir, nach dem Tod, beim Mord angelangt.

„Kein Mann, der nicht verurteilt wurde, wird dir jemals die Frage, ob er getötet hat, mit Ja beantworten. Mord verjährt nicht."

*

11. - 13.Januar 2013 Terlingua, Texas

„*I was born under a wandering star*", singt Lee Marvin, und ich denke an den Cowboy in Marfa, während wir nach Terlingua fahren, eine *ghost town* nahe dem Rio Grande.
Wir sind die einzigen Gäste im Hotel.
Wir sind die einzigen Gäste im Restaurant.
Vor der Tür hocken ein paar Alt-Hippies, spielen Gitarre und schenken uns selbst angebautes Gras.
Die zwei Tage in Terlingua ziehen vorbei wie ein nicht einzuordnender Traum.
Wir schlafen viel, hören Musik, reden wenig.
Alles, was wir bisher erlebt und gesehen haben, schwirrt durch meinen Kopf. Und wenn ich an Frankys Mercedes denke, bin ich versucht, 'damals' zu schreiben.
„Ich wünschte, wir könnten ewig so weitermachen", sage ich zu Johannes.
„Für immer unterwegs?"
„Ja."
„Ja."
I was born under a wandering star – ist das Umherirren mit nichts als einer Ahnung im Gepäck vielleicht der erträglichste Zustand?

Am zweiten Abend taucht ein Hund auf. Kein Halsband. In seiner Schnauze steckt ein abgewetzter Tennisball. Er legt sich vor unsere Tür, sein Spielzeug lässt er nicht los.
„Komm rein. Komm", fordere ich ihn auf. Er wagt sich bis zur Schwelle – nicht weiter. Wir geben ihm Wasser. Den Ball sichert er zwischen seinen Vorderpfoten, während er trinkt.
„Komm rein."
Sein Körper zittert.

„Komm rein. Komm."
Noch viele Male müssen wir ihn bitten, bis er unsere Einladung endlich annimmt.
Die Hotellobby ist geschlossen. Wir sind nach wie vor die einzigen Gäste. Ob das Tier weggelaufen ist, ob man es vergessen hat? Lange überlegen wir, was wir mit dem Hund machen sollen. Wir streicheln ihn, füttern ihn mit Müsliriegeln.
„Morgen suchen wir seinen Besitzer, und wenn er niemandem gehört, nehmen wir ihn mit", sagt Johannes.
Die Tür lassen wir, als wir schlafen gehen, einen Spaltbreit offen, falls das Tier mal muss.
Ein Geräusch weckt Johannes und mich. Es ist noch dunkel. Ich mache das Licht an. Der Hund steht im Türrahmen, den gelben Ball in der Schnauze. Er sieht uns an, vielleicht ist es das Hippie-Gras, vielleicht sagen seine Augen wirklich auf Wiedersehen. Und dann rennt er los, rennt in die Nacht.
I was born under a wandering star.

*

Frankys Geschichte

Kapitel 8

Franky verdiente genug Geld, um die Raten für das kleine Haus, in dem Laura und er lebten, zu bezahlen. Er arbeitete in Jeffersons Gemischtwarenladen. Eines Tages würde er das Geschäft erben. Der alte Jefferson hatte keine Familie und liebte seinen einzigen Angestellten wie einen Sohn.

„Wie war dein Tag?“, fragte Laura ihn jeden Abend, sobald er das Wohnzimmer betrat. Sie saß meist auf dem bordeauxroten Sessel, ein Buch in der Hand.

„Gut.“

„Gut?“, hakte sie nach.

Und dann nickte er, und Laura seufzte.

Franky war glücklich.

Oft schenkte Jefferson ihm Bücher für Laura. Wenn ihr eines besonders gut gefallen hatte, gab sie es Franky. „Das solltest du lesen.“

Er tat es nie.

*

532-4061
720 S. OREGON
"LOS LIMOUSINES"
Since 1966
LA • DENVER
VEGAS • PHX
BORDER PARKING

SA DE EMPEÑO
La Mejor!
EMPEÑOS
PANADERIA

14. Januar 2013 El Paso, Texas – Ciudad Juárez, Mexiko

„Wo kann man in Juárez so hingehen?", fragt Johannes den Taxifahrer.
„Wie meinst du das?"
„Bars, Cafés, wo nicht so viele Touristen sind."
Er lacht. „Oh, überall. Was auch immer offen hat."
Wir steigen aus. Eine altrosa Fußgängerbrücke. Benutzungsgebühr: fünfzig Cent pro Person. Keine Passkontrolle.
Unter uns die geteilte Stadt. Eine Hälfte ist amerikanisch und heißt El Paso, die andere mexikanisch und heißt Ciudad Juárez.
Die meisten Geschäfte in Juárez haben geschlossen. Vorübergehend oder endgültig? Schwer zu sagen.
„Wir sind die einzigen Touristen."
Ich blicke mich um. Johannes hat recht.
Ziellos laufen wir durch die Gegend.
An Straßenständen werden Turnschuhe, Sturmmasken und Socken verkauft. Der alte Mann lächelt, als ich ihn frage, ob ich auch mit Dollars bezahlen kann. Um zehn Paar Socken reicher, spazieren wir weiter.
Ein Restaurant. Traurige, gegrillte Hühner hängen im Schaufenster. Sie schmecken besser, als sie aussehen.
Wir fühlen uns beobachtet, nein – wir werden beobachtet, wir sind so offensichtlich Fremde.
Es dämmert bereits, als wir wieder die rosa Brücke überqueren.
Passkontrolle. Die Schlange ist kurz.
Der Officer betrachtet unsere Pässe.
„Warum waren Sie in Mexiko?"
„Nur so. Wir wollten mal nach Mexiko."
„Was haben Sie in Mexiko gemacht?"
„Socken gekauft und gegessen."

„Sie haben...? Wie lange waren Sie in Mexiko?"
„Zwei oder drei Stunden."
Sein Blick wandert zwischen unseren Gesichtern und unseren Pässen hin und her. „Ihre Visa sind ungültig."
„Was?... Warum?"
„Weil Sie die USA verlassen haben. Kommen Sie mit."
Er führt uns in ein Büro und verschwindet mit unseren Papieren. Ein anderer Officer erscheint, unsere Ausweise in seiner Hand. Das Frage-Antwort-Spiel geht von vorn los.
„Was haben Sie in Mexiko gemacht?"
„Socken gekauft und gegessen."
„Huhn", füge ich hinzu.
„Wie bitte?", fragt er verwirrt.
„Wir haben Huhn gegessen."
„Sie haben Huhn gegessen." Er sieht uns an, als seien wir komplett gestört.
„Sie sind Deutsche?"
„Ja."
„Und was machen Sie in den USA?"
„Einen Roadtrip."
„Warum waren Sie in Juárez?" Streng sein Tonfall.
„Einfach so. Wir haben einen Ausflug gemacht."
„Einen Ausflug?" Er lacht. „Einen Ausflug! Wissen Sie, dass in Juárez täglich Menschen erschossen werden? Drogenmafia. Bandenkrieg. Das ist kein Ort für einen Einkaufsbummel. Das ist kein Ort für zwei europäische Touristen. Niemand macht einen Ausflug nach Juárez. Niemand kauft Socken in Juárez. Niemand isst Huhn in Juárez."
Sind wir jetzt Helden oder Idioten?

*

FRANCISCAN
RV

15. – 16. Januar 2013 Santa Fe, New Mexico

Wir fahren von El Paso Richtung Santa Fe.
Nach zwei Stunden erregt ein Ortsschild unsere Aufmerksamkeit: *Truth or Consequences.*
„Sollen wir da hin?", fragt Johannes.
Truth or Consequences – es klingt wie eine Drohung, ein gutgemeinter Ratschlag oder der Titel eines Gedichts. Waren die Stadtgründer eiserne Krieger, weise Männer mit langen Bärten oder eine Bande Poeten?
Wir parken vor einem Trödelladen. Hinter dem Tresen, zwischen Stofftieren, Geschirr und Schallplatten, steht eine dicke, junge Frau.
„Guck mal. Ist der tot?", flüstert Johannes mir zu.
„Opa schläft", sagt die Dicke, als hätte sie Johannes' deutsche Worte verstanden. Und als wollte Opa das Schlagen seines Herzens bestätigen, gibt er ein ungesundes Röcheln von sich. Dann ist es wieder still.
Ich frage die junge Frau, was es mit dem Namen der Stadt auf sich habe.
Truth or Consequences war eine amerikanische Radioquizshow. 1950 versprach der Moderator Ralph Edwards, seine Sendung in der Stadt zu produzieren, die sich als Erste in *Truth or Consequences* umbenennen würde.
„Früher hieß der Ort Hot Springs. Es wurde abgestimmt. 1294 sagten Nein. 1295 sagten Ja. Ralph Edwards kam jedes Jahr im Frühling, bis er zu alt war. Jetzt ist er tot. Aber im Mai wird noch immer gefeiert."
„Und was war *Truth or Consequences* für eine Show?"
„Ach, total albern. Der Kandidat bekam eine Frage gestellt, wenn er die Antwort nicht wusste, musste er eine Aufgabe erfüllen. Einen Stunt, nichts Gefährliches. Und am Schluss der Sendung tauchte oft

THE HERALD • May 4, 2011 • Page B1

Com-
spread

rtunity
and its
ge!
er was
d with
kansas
ughout
alone
towns

y elec-
town's
r the
Conse-

l, 295
ed the
st was
turned
voted
r than
ahead

ter, in

MR & MRS TRUTH OR CONSEQUENCES - Ralph and Barbara Edwards enjoy the festivities of an early 50's Fiesta.

January 1964, the question went to the people again and they voted to keep the city's unique name.

A fourth election was held on August 18, 1967, and once more a majority voted to keep the name Truth or Consequences.

Ralph Edwards and his entire NBC production, acting and show crew came here in 1950, aired the first live, coast-to-coast broadcast of Truth or Consequences from the City of Truth or Consequences, and the residents of his adopted home are very pleased to say he came

noch ein Überraschungsgast auf. Der Sohn oder Ehemann - meist Soldaten, die irgendwo stationiert waren. Opa mochte die Show."
Wir drei blicken zu Opa. Er rührt sich nicht.
„Opa schläft", sage ich.
Sie lacht. „Manchmal erschrecke ich mich. Wenn er so dasitzt, könnte man meinen, er sei tot."

*

Santa Fe, New Mexico

Livemusik und Stimmengewirr wetteifern um die akustische Vorherrschaft, doch Lisas Lachen übertönt die gesamte Geräuschkulisse. Lisa – eine fast zwei Meter große Frau. Obwohl sie nicht zu übersehen, nicht zu überhören ist, schauen die meisten Männer an der blonden Walküre vorbei und gieren ihre Freundin Tara an.
Wir bestellen Whiskey. Für uns, für Lisa, für Tara.
„Ihr seid aus Deutschland? Ich war mal mit einem Deutschen zusammen", sagt Tara zu mir. „Er war Pilot. Das Arschloch."
Während wir uns unterhalten, bitten ein halbes Dutzend Männer Tara um einen Tanz oder geben ihr einen Drink aus. Keinem schenkt sie mehr als ein verächtliches Lächeln.
„Er hatte schöne Augen... Der Deutsche. Das Arschloch."
„Warum war er ein Arschloch?"
Sie zuckt mit den Schultern. „Manche Menschen sind einfach Arschlöcher. Von Grund auf. Durch und durch."
Ich nicke.
Mehrere Jahre waren Tara und das Arschloch ein Paar, die beiden haben in Los Angeles gelebt, das Ende variiert: Sie hat ihn verlassen.

Später am Abend: Er hat sie verlassen.
„Jetzt wohne ich in Santa Fe und das Arschloch in Kalifornien."
„Aber wer hat jetzt wen verlassen?", hake ich nach.
„Ist doch unwichtig, am Ende ist man allein."
Die Band, die ich bislang kaum beachtet habe, unterbricht ihr Spiel, um sich dem Publikum vorzustellen.
Ihre Namen: Klaus, Uwe und Martin.
„Das klingt sehr deutsch", sagt Johannes. Taras Augen funkeln zornig. „Lass uns mal hingehen", fordert er mich auf und bestellt fünf Whiskeys. Für uns, für Klaus, für Uwe und für Martin. Zwei Gläser nehme ich, Johannes greift nach den restlichen.
„Das ist verboten", bellt die Barkeeperin.
„Was ist verboten?", fragt Johannes.
„Mehr als zwei alkoholische Getränke in den Händen zu halten."
„Ich darf fünf bestellen, aber nur zwei in den Händen halten?"
Sie nickt.
„Ich will sie doch bloß transportieren."
„Ist aber nicht erlaubt."
„Sagt wer?"
„Das Gesetz von New Mexico."
„Ist das ein Witz?"
„Nein."
Johannes trinkt das verbotene Glas in einem Zug leer.
„Bravo", sagt die Dame und schüttelt den Kopf.
Klaus, Uwe und Martin sind aus Schweden und touren gerade durch Amerika. Wir stoßen an. Trinken auf die Musik, auf diese Nacht, auf das Leben.
„Sind das Deutsche?", fragt Tara, als wir wieder am Tresen stehen.
„Nein. Schweden."

Sie lächelt. „Wir hatten auch eine gute Zeit."
„Wer?"
„Das Arschloch und ich." Taras Augen wandern durch den Raum, suchen nach Trost. „Am Ende ist man allein", sagt sie, „oder?"
„Ich weiß es nicht", antworte ich.
Die Band kündigt das nächste Lied an: „Es ist leider nicht von uns, sondern von Radiohead."
Die ersten Akkorde erklingen. Nach und nach verstummt die Menge, und selbst Lindas Lachen verebbt.
Wir tanzen.
Alle tanzen.
„You float like a feather in a beautiful world. I wish I was special. You're so fuckin' special", singt der Schwede fast zärtlich. Ein Chor ungeschulter Stimmen setzt ein:
„But I'm a creep,
I'm a weirdo
What the hell am I doin' here?
I don't belong here
I don't care if it hurts."
Taras Augen – halb geschlossen. Lisas gigantischer Körper wiegt sich im Takt.
„I wanna have control
I want a perfect body
I want a perfect soul
I want you to notice when I'm not around
You're so fuckin' special
I wish I was special."
Ich blicke mich um. Ein tanzender Menschenhaufen. Jeder in seiner eigenen Geschichte gefangen.
Allein. Und doch scheinen unsere Geschichten etwas gemeinsam zu haben. Etwas, das uns mit den Füßen stampfen lässt. Etwas, das uns laut singen lässt: *I wish I was special.*

Frankys Geschichte

Kapitel 9

Er wurde ausgelost. Er wäre gegangen. Aber man wollte ihn nicht.

„Ich weiß nicht", stammelte Franky, während er versuchte, sich einen Feind, ein Schlachtfeld, einen Krieg vorzustellen. Würde er schießen, um sein Leben und sein Land zu verteidigen? Wie sollte er die Frage, ob er in der Lage sei zu töten, mit Ja oder Nein beantworten?
„Ich weiß nicht."
„Was bedeutet ‚Ich weiß nicht'?", fragte der uniformierte Arzt zum wiederholten Mal.
„Ich weiß nicht... Ich weiß es nicht." Das war die einzige Antwort, die er geben konnte. Ein schwarzer Tunnel tat sich vor seinen Augen auf. Franky verlor das Bewusstsein und kippte vom Stuhl.

Seine Nummer wurde ausgelost. Er wäre gegangen. Aber man wollte ihn nicht.
Tausende Männer wurden zu Soldaten gemacht und nach Vietnam geschickt. Franky stellte man zurück.

Dass er ihn auf der Stelle rausgeschmissen hätte, wenn er noch zu Hause wohnen würde, sagte sein Vater. Dass er sich schäme, einen solchen Taugenichts großgezogen zu haben.
„Gibt Schlimmeres", unterbrach Tante Virginia Ryans Litanei. Aber er ließ sich den Mund nicht verbieten. „Du hättest ein Held werden können", brüllte er mit hochrotem Kopf. „Ein Held!"
Es war das letzte Mal, dass Franky seinen Vater sah. Neun Tage später starb Ryan Perkins. Das Herz – es hatte nie den richtigen Rhythmus finden können – hörte einfach auf zu schlagen.

*

17. – 18. Januar 2013 Flagstaff, Arizona

Im Gegensatz zu Johannes habe ich vorher noch nie vom Roden Crater gehört. Ein mehr als 300 000 Jahre alter, erloschener Vulkan, gelegen in den San Francisco Peaks, einem Gebirgszug südlich des Grand Canyons.
Der Land-Art-Künstler James Turrell suchte 1974 nach einem geeigneten Ort für eine unterirdische Lichtinstallation. Turrell verbrachte siebenhundert Stunden in seinem Flugzeug und entdeckte jenen erloschenen Vulkan in der Wüste Arizonas.
Der Künstler sammelte Geld, kämpfte um Genehmigungen, bis er schließlich den Roden Crater und – Parzelle für Parzelle – auch das umliegende Land kaufen konnte.
Noch ist es nicht fertig, das Lichtobservatorium aus Räumen, Gängen, Treppen und Öffnungen.
Ich denke wieder an den mütterlichen Ratschlag in Anne Morrow Lindberghs Aufzeichnungen: Wenn du etwas tust, dann tue es mit der ganzen Kraft deines Herzens, mit deiner ganzen Leidenschaft.
Seit fast vierzig Jahren arbeitet James Turrell an der Erschaffung seiner Vision. Für Besucher ist der Roden Crater unzugänglich, nur einige Auserwählte durften ihn bisher betreten.
„Lass uns hingehen. Lass uns versuchen, da reinzukommen", sagt Johannes.
„Klar." Ich lache.
Ein nicht ganz ernst gemeinter Vorschlag, der im Laufe der Nacht zur fixen Idee wird.
An diesem Abend spielen Calexico in Flagstaff. Das Publikum scheint hauptsächlich aus Kunststudenten zu bestehen. Sie tragen allesamt Bart und Brille und wirken angestrengt. Ein Joint macht die Runde. Ganz

allmählich bekommt die schleppende Unterhaltung ein wenig Schwung.

„War von euch schon mal jemand im Roden Crater?", fragt Johannes.
„Da kommt man nicht rein."
„Hast du es versucht?"
„Ist total zwecklos, das Gelände ist abgeriegelt."
„Warst du da?"
„Nein, aber..."
„Wir gehen morgen hin", sagt Johannes.
Die Kunststudenten schütteln halb verächtlich, halb mitleidig ihre Köpfe. Der Joint erlischt, ebenso das Gespräch. Wir verlassen die Gruppe und ziehen Richtung Bar.
„Wir schaffen das."
„Ja", antworte ich und erhebe mein Glas. „Auf den Vulkan."

Turrell hat in einem Interview, befragt, welche Erfahrung der Besucher im Roden Crater machen wird, Folgendes geantwortet: „Ich möchte ein Gefühl dafür geben, dass man sich auf dem Planeten Erde befindet, eine Empfindung für das Ausgesetztsein unserer Existenz."

Ein Typ, er trägt – wie soll es anders sein – Bart und Brille, stellt sich zu uns.
„Hey, seid ihr die zwei, die morgen zum Roden Crater wollen?"
„Ja."
„Ich kenne jemanden, der dort war. Ist schwierig, aber es geht. Habt ihr einen Jeep?"
„Nein. Einen Passat."

„Ihr braucht einen Jeep. Ihr könnt da nicht mit einem Passat langfahren."
„Warum nicht?"
„Die Wege sind aufgerissen. Schnee. Schlamm ... Leiht euch einen Jeep. Hier gibt es eine Autovermietung."
Johannes und ich sehen uns an und lachen. Wir denken beide an den Proll mit dem Mercedes-Ring.
Zurück im Hotelzimmer, arbeiten wir einen Plan aus. Wir werden früh aufstehen und ein paar Turnschuhe für mich kaufen, meine sind in Berlin. Dann mit unserem Passat Richtung Roden Crater fahren, so weit es die Straßenverhältnisse zulassen. Den Rest werden wir zu Fuß bewältigen und uns ein Bild von der Lage machen. Am darauffolgenden Tag werden wir noch früher aufstehen, uns ein zweites Mal auf den Weg machen und schließlich den Abstieg in den Krater wagen.
Im Internet finden wir folgende Route:

Rechts abbiegen auf **Townsend-Winona Rd**
Links abbiegen auf **Co Rd 419/Leupp Rd**
Links abbiegen auf **Forest Service Rd 244A**
Leicht rechts abbiegen auf **Forest Service Rd 244**
Leicht links abbiegen, um auf **Forest Service Rd 244** zu bleiben
Forest Service Rd 244 verläuft leicht nach rechts und wird zu **Forest Service Rd 784**
Nach links abbiegen, um auf **Forest Service Rd 784** zu bleiben
Rechts abbiegen
Links abbiegen
Leicht rechts abbiegen
Leicht rechts abbiegen
Leicht rechts abbiegen
Leicht rechts abbiegen. Das Ziel befindet sich auf der linken Seite.

Meine neuen Turnschuhe fühlen sich gut an, zumindest im Sitzen.

Wir befinden uns auf der Forest Service Rd 244A, einem gutbefestigten Waldweg.
„Wofür braucht man hier einen Jeep?"

Wir lachen.
Allmählich wird der Boden uneben. Geröll. Schnee. Matsch. Wir fahren weiter. Dann: ein riesiges Loch.
„Und jetzt?"
Johannes legt den Rückwärtsgang ein und parkt den Wagen im Wald. Es ist zehn Uhr.
Wasser, Jacken, Handys und die Wegbeschreibung.
Wir marschieren.
Fichten, so weit das Auge reicht.
Eine Stunde, zwei Stunden. Die neuen Turnschuhe fühlen sich nicht mehr ganz so toll an.
„Theoretisch müssten wir schon auf der Forest Service Rd 244 sein, oder?"
„Haben wir da nicht geparkt?"
„Nein, das war die Forest Service Rd 244A", sage ich.
„Stimmt."
Eine weitere Stunde vergeht.
Tiertatzen im Schnee.
„Ob es hier Bären gibt?"
„Das sind keine Bärentatzen", sagt Johannes.
„Trotzdem, die sind ganz schön groß. Löwen? Berglöwen?"
Keine Antwort.
Es wird wärmer, der Schnee weniger.
Irgendwann ein Holzschild am Wegrand: 244.
Erleichterung.
Wir machen eine Pause, unsere Wasserflaschen sind halb leer.
„Guck mal", sagt Johannes. Neben dem Baumstamm, auf dem wir sitzen, liegen verschossene Patronenhülsen.
„Nicht dass uns irgendwelche Jäger für Tiere halten."
Es geht bergauf, der Sonne entgegen.

Die Weite – unheimlich und friedlich zugleich. Gipfel auf der einen Seite, Felswände auf der anderen.

Wir marschieren, schweigend. Ich wünschte, Johannes würde ein bisschen langsamer laufen, aber ich sage nichts. Ignoriere die Blasen an meinen Füßen und halte Schritt.

Es ist bereits Nachmittag. Der Boden schimmert erst rötlich, ändert später Farbe und Beschaffenheit: grau wie Asche. Es fühlt sich an, als würde man durch Treibsand waten.

Weiter bergauf, bergab. Und dann erstreckt sich ein Vulkanfeld vor unseren Augen.

Krater. Dutzende Krater.

Welcher davon ist der Roden Crater?

Wir müssen näher ran. Weiter.

„Da hinten ist ein Haus." Johannes deutet in die Ferne. Das Schild, das uns den Zutritt verbieten will, ignorieren wir.

Zuerst sind sie nur zu hören. Dann nehmen sie Gestalt an. Ein Rudel Hunde. Auch von weitem wirken sie respekteinflößend. Nein – angsteinflößend.

„Die kommen auf uns zu."

Ein Adrenalinschub fährt durch meinen Körper. Wir rennen. Wir rennen, bis wir nicht mehr können.

Es dämmert bereits, als wir den schwarzen Passat erreichen.

Keiner spricht es aus, aber wir wissen beide, dass wir morgen nicht zurückkehren werden.

„Eine Empfindung für das Ausgesetztsein unserer Existenz." Vielleicht muss man den Roden Crater gar nicht betreten, sondern ihn nur suchen, um zu erahnen, was Turrells Worte bedeuten.

*

T
TRUMP

BALLYS

19. – 20. Januar 2013 Las Vegas, Nevada

In jeder Hand ein Gepäckstück suchen wir die Hotelrezeption, während Tausende von Automaten im Schein des immer-künstlichen Lichtes ihre elektronische Erkennungsmelodie summen.

Ich bin noch immer sauer auf Las Vegas: Vor einigen Jahren habe ich im Mandalay Bay beim Roulette einen Batzen Geld gewonnen, nur um wenige Stunden später im Caesars Palace alles wieder zu verlieren. Johannes hat den Auftrag, mich von den Tischen fernzuhalten. Unser Budget verkraftet keine Verluste.

Wir folgen den Touristenherden über den Boulevard, durch die Casinos. Ich weiß nicht, was man in Las Vegas machen soll, außer spielen. Die Stadt deprimiert mich.

Am Abend landen wir in einem Club. Weiß die Theke, weiß die Wände, weiß der Boden. Jedes weibliche Wesen – ungeachtet des Umfangs seiner Beine – trägt Minirock. Auch was die Kleidung angeht, scheint Weiß die bevorzugte Farbe zu sein. Johannes und ich sitzen auf einer weißen Ledercouch, viel zu nüchtern für das fröhliche Treiben. Der Whiskey will nicht in die Blutbahn, sondern brennt giftig in meinem Magen.

„Und jetzt?"

„Keine Ahnung."

Schweigend warten wir, ohne zu wissen, worauf oder auf wen. In der Menge entdecke ich einen sehr kleinen Mann mit Schlips und beobachte seine ungeschickten Versuche, Frauen anzusprechen. Er erinnert an eine Zwergmaus, die ein grausames Menschenkind in einen Puppenanzug gestopft hat.

Die nächste Abfuhr: Seine Patschhand berührt ihren linken Ellbogen, sie schüttelt sein Händchen ab wie ein lästiges Insekt. Er sieht traurig aus.

Einatmen. Ausatmen.

Sein Blick schweift durch den Raum, findet uns. Ein Lächeln. Zwergmaus trabt los.
„Vegas", brüllt er und lässt sich auf die gegenüberliegende Couch plumpsen. Einen Moment schweben seine Beine in der Luft. „Ich liebe Vegas." Es klingt nicht besonders überzeugend. Erwartungsvoll schaut Zwergmaus zu Johannes, dann zu mir. Wahrscheinlich sind wir seine einzige Hoffnung, dass an diesem Abend doch noch etwas geschehen wird, und das beruht gewissermaßen auf Gegenseitigkeit.
Ich stelle mir vor, wie wir drei den Club verlassen und beim Roulette Tausende von Dollars gewinnen. Champagner fließt aus Magnumflaschen, die Zwergmaus um gut zehn Zentimeter überragen. Eine hochgewachsene Stripperin namens Cordelia verliebt sich in unseren Gefährten, und noch in dieser Nacht heiratet das ungleiche Paar. Wir sind die Trauzeugen. Cordelia weint vor Rührung, während ein Elvis-Imitator *Blue Moon* singt:
„Blue moon, You saw me standing alone,
Without a dream in my heart,
Without a love of my own."
Zwergmaus, nun der glücklichste Mann Nevadas, reißt sich die Kleider vom Leib und springt nackt durch die Kapelle. Die Faust in die Luft gereckt. Wir klatschen und stampfen mit den Füßen.
Eine unförmige Frau quetscht sich neben Zwergmaus. Das geschieht nicht in meinem Kopf, sondern in diesem viel zu weißen Etablissement. „Ich liebe Vegas", ruft er und schwingt in Windeseile sein kurzes Ärmchen um ihre Schultern.
Schon hat er Johannes und mich vergessen.
Ich fühle mich betrogen – um eine Hochzeit, eine Magnumflasche Champagner und eine Geschichte. „Lass uns gehen", sage ich und stelle das halbvolle Whiskeyglas auf den Boden.

„Und jetzt?"

Johannes hat eine Entscheidung getroffen:

„Zweihundertfünfzig Dollar. Wenn sie weg sind, hörst du auf, wenn du sie vervierfacht hast, auch."

„Verfünffacht."

„O.k."

Caesars Palace. Da will ich hin, um einen Teil des Geldes, das ich einst hier verloren habe, zurückzugewinnen.

Ich suche einen Tisch aus, tausche Scheine gegen Jetons.

Es dauert nicht mal zehn Minuten, und ich habe den Einsatz verfünffacht. 17, schwarz, zweites Dutzend.

„Und jetzt?", fragt Johannes.

„Champagner."

*

BUSTING LAUGHS WITHOUT
WALLET BUSTING PRICES!
RIVIERA

FUJIFILM

Frankys Geschichte

Kapitel 10

Er hatte einen ganzen Stapel Bücher für sie ergattert. Zwei Western, einige Liebesromane und eine Kassette mit fünf Bänden: *Paterson* von William Carlos Williams.

Paterson hieß Lauras Geburtsstadt in New Jersey. Dort hatte sie bis zu ihrem zwölften Lebensjahr gewohnt. Dort lagen nun auch die Gräber ihrer Eltern.

Laura saß auf dem bordeauxroten Sessel, den Blick in die Ferne gerichtet.

Erst als Franky die Bücher in ihren Schoß legte, sah er die Tränen in Lauras Augen.

Es war nicht das erste Mal, dass sie weinte. Ihre Traurigkeit machte Franky hilflos.

„Paterson“, sagte er.

„Was?“

„Es heißt Paterson.“

Sie schwieg.

„Paterson“, wiederholte er.

„Und?“

„Wie die Stadt.“

Ein Schluchzen. „Soll das ewig so weitergehen?“

Er wusste nicht, was sie meinte.

„Franky, soll das ewig so weitergehen?“

„ Was?“

„Unser Leben“, schrie sie. „Unser Leben.“

Ja, dachte er. Es ist ein schönes Leben.

„Soll ich auf diesem Sessel sitzen, bis ich alt bin? Ich kenne die Welt nur aus Büchern, Franky.“ Tränen und Wut verzerrten ihre Stimme.

*

21. – 22. Januar 2013 Death Valley Junction, California

„Wie viele Menschen wohnen in Death Valley Junction?"
„Vier", sagt Rich. „Ich." Er deutet auf die Frau hinter der Rezeption. „Meine Freundin Mary Lee. Jesse, der grauhaarige Mann, den ihr draußen gesehen habt, und Marta natürlich."
„Marta?"

Anfang der zwanziger Jahre befand sich mitten in der Mojave-Wüste das Hauptquartier der Pacific Coast Borax Company. Für ihre Arbeiter errichtete die Firma eine Siedlung und taufte den Ort, der ursprünglich Amargosa hieß, Death Valley Junction.
Nicht nur Häuser wurden gebaut, sondern auch ein Hotel im spanischen Kolonialstil samt angeschlossenem Theater.
1924, zur gleichen Zeit, als die Spielstätte im Tal des Todes entstand, kam Marta Becket in New York City zur Welt.
Mit vierzehn begann sie ihre Ballettausbildung. Später trat sie in kleinen Nachtclubs und Restaurants auf. Es folgte ein Engagement im Corps de ballet der Radio City Music Hall. Sie verließ das Ensemble, kehrte zurück und verließ es wieder – endgültig.
Marta erarbeitete sich ihr eigenes Repertoire. Tanzte, choreographierte und inszenierte ein Soloprogramm. Zusammen mit Tom, ihrem Ehemann und Manager, tourte sie durch die USA.

Die Musen schienen Gefallen an Marta Becket gefunden zu haben und segneten sie mit einem weiteren Talent: der Malerei.
Eine Galerie nahm Marta unter Vertrag und plante eine große Ausstellung. Die Vernissage war weder Erfolg noch

Misserfolg, sie fand einfach nicht statt. Am Tag der Eröffnung wurde Kennedy ermordet, und die Galerie blieb geschlossen.
Trotzdem schafften Martas Gemälde, was der Tanz zeitweise nicht vermochte: ihre Rechnungen zu begleichen.
Marta war bereits 42, und Solo-Shows nicht mehr en vogue. Die Auftritte wurden weniger, die Bedingungen schlechter, das Publikum lichter. Doch der Tanz war Marta Beckets Leben. Niemals würde sie ihn aufgeben, schon gar nicht für drei warme Mahlzeiten am Tag und ein Dach über dem Kopf.

1967. Ostern. Kalifornien.
Tom und Marta campten während einer einwöchigen Tourneepause im Death Valley. Eines Morgens bemerkten sie, dass ihr Auto einen Platten hatte. Die nächste Tankstelle befand sich in Death Valley Junction. Langsam fuhren sie den Highway 190 entlang.
Schon vor Jahrzehnten hatte die Pacific Coast Borax Company ihren Sitz verlegt und der Großteil der Menschen den Ort verlassen.

Tom kümmerte sich um den kaputten Reifen, unterdessen schaute Marta sich ein wenig um.
Sie wanderte den L-förmigen Säulengang des Amargosa Hotels entlang, folgte der Biegung zum Fuß des L. Ein winziger Spalt in der verschlossenen Flügeltür gewährte einen Blick in das Innere des Gebäudes. Hier stand sie, Marta Becket, eine Tänzerin, die niemand mehr zu brauchen schien, und auf der anderen Seite eine verwaiste Bühne, die niemand mehr bespielen wollte.
„Es war, als würden wir zusammengehören. Als ob ich meine andere Hälfte gefunden hätte."

Wenige Monate später kehrte sie zurück, um für immer zu bleiben.

Am 10. Februar 1968 fand die erste Premiere in Martas Amargosa Opera House statt. Ihr Publikum: zwölf Erwachsene und ein paar Kinder.
Jeden Freitag, Sonntag und Montag öffnete sich um 19.45 Uhr die Flügeltür des Theaters und um punkt 20.15 begann die Show. Manchmal kam außer den Einwohnern eine Handvoll Touristen, manchmal kam gar keiner. Marta tanzte trotzdem.
Sie ahnte, dass sie hier in der Wüste noch einige Abende ohne Zuschauer bestreiten würde. Deshalb beschloss sie, sich ihr eigenes Publikum zu erschaffen. Vier Jahre bearbeitete sie mit Pinsel und Farbe die Wände des Theaters. Ein Königspaar samt Hofstaat, Zigeuner und Damen der Nacht, Nonnen und Mönche, Katzen, Clowns und Musiker drängen sich auf den zweidimensionalen Rängen.
Als Letztes malte die Künstlerin eine steinerne Statue, in den Händen hält sie eine Schriftrolle mit folgender Botschaft:
„Die Wände dieses Theaters und ich
widmen diese Gemälde der Vergangenheit,
ohne die unsere Zeit keine Schönheit hätte.
Fin – 1972"

Allmählich erlangte das Opera House einen gewissen Bekanntheitsgrad. Immer öfter tanzte sie vor ausverkauftem Saal.
Tom fand im Gegensatz zu Marta nicht sein Glück in Death Valley Junction und verließ seine Frau und die Wüste. Ein anderer Mann trat in Martas Leben. Thomas J. Willet, genannt Wilget. Auf einem Roadtrip durch Kalifornien entdeckte Wilget das Amargosa Opera House,

und Marta entdeckte ihn. Sie teilten Bühne und Tisch miteinander, arbeiteten und lebten zusammen, bis er 2005 plötzlich starb.

Marta war über achtzig, als Knie und Hüfte entschieden, dass sie nicht mehr tanzen wollten. Trotzdem stand sie jede Woche auf den Brettern ihres Theaters. Nein, sie stand nicht, sie saß und kleidete ihre Tänze und ihr Leben in Worte. Am 12. Februar 2012 fand die letzte „*sitting down show*" statt.

Johannes und ich hocken auf einer grünen Couch in der Lobby, während Rich, der Geschäftsführer des Amargosa Hotels, uns Marta Beckets Geschichte erzählt. Noch heute wohnt die Künstlerin in ihrem Haus direkt hinter dem Hotel. Rich und seine Freundin kümmern sich um die kinderlose alte Dame.
„Können wir Marta treffen?"
Rich überlegt. „Ich werde sie morgen fragen. Ich kann es euch nicht versprechen. Es kommt auf ihre Tagesverfassung an. Sie ist sehr alt."

Marta sitzt aufrecht in ihrem Bett. Die ineinandergefalteten Hände zittern heftig, ihre dunklen Augen mustern uns streng und freundlich zugleich.
Viele hundert Mal hat sie ihre Biographie für Journalisten und Bewunderer zum Besten gegeben. Unzählige Menschen sind in die Wüste gepilgert, um Marta tanzen zu sehen.
„Erzähl ihnen, dass Marlon Brando hier war", fordert Rich sie auf.
„Marlon Brando war hier", sagt sie und schweigt.
Rich versucht, die Geschichte anzukurbeln. „Eines Tages saß er einfach im Publikum. Unglaublich, oder?"
Johannes und ich nicken.

„Erzähl ihnen von dem Film, den sie über dich gemacht haben."
„Zwei Filme", sagt Marta.
„Ja, aber der eine war richtig erfolgreich."
Einen Moment lang herrscht Stille.
Ob sie sich manchmal einsam gefühlt habe, fragt Johannes.
„Nein. Dafür hatte ich keine Zeit."
Rich lächelt.
„Nie?", hakt Johannes nach.
„Nein. Dafür hatte ich..." Marta hält inne. „Dass ich mit Wilget nicht mehr sprechen kann, dass ich Wilgets Stimme nicht mehr höre... Das... Das ist eine Form von Einsamkeit... Die To..."
„Ja – Wilget war großartig, nicht wahr, Marta?", unterbricht Rich die alte Dame.
„Die Toten... sie machen einen einsam", beendet Marta ihren Satz.
Rich räuspert sich. „Es wird Zeit", sagt er zu Johannes und mir. Wir erheben uns, drücken Martas zitternde Hände. „Auf Wiedersehen und danke, dass wir Sie besuchen durften."
„Ihr seid aus Berlin?", fragt Marta.
„Ja."
„Manchmal muss man weit reisen, um sein Glück zu finden."

*

NOW OPEN
VACANCY

Frankys Geschichte

Kapitel 11

Die Kirchenglocken läuteten, während Laura Kleid für Kleid in den ledernen Koffer packte. Solange sie noch dastand, solange sie noch in diesem Raum atmete, konnte er sie aufhalten.

Eine Drehung. Die Hüften kreisten. Seine Arme verwandelten sich in Vögel. Ein Sprung. Noch ein Sprung. Schneller und immer schneller bewegten sich Frankys Beine.

Vergeblich war sein Tanz. Laura verließ das Zimmer, verließ das Haus, verließ Bordentown.

Erschöpft sank Franky zu Boden und sah sich um. Ihre Bücher, der bordeauxrote Sessel, alles befand sich an seinem Platz. Nur Laura und ein Koffer fehlten.

„Am Sonntag hole ich meine Sachen. Ich werde dir schreiben, wenn wir uns entschieden haben, wo wir leben werden", hatte Laura gesagt. „Du musst es doch geahnt haben."

Er hatte es nicht geahnt.

„Ach Franky, du wirst schon zurechtkommen."

Zurechtkommen. Was bedeutet zurechtkommen?

Dass man schläft und aufwacht, und wieder schläft und wieder aufwacht?

*

MEGATOUCH
video

23. – 27. Januar 2013 Salton Sea, California

Bombay Beach

1905 ließen heftige Regenfälle den Colorado River anschwellen. Ein Damm brach, und die Wassermassen bahnten sich ihren Weg in das ausgetrocknete Imperial Valley. Die Ortschaft Salton versank, und mitten in der Wüste entstand ein riesiger See.

Der Salton Sea entwickelte sich zu einem Urlaubsparadies. Häuser und Hotels wurden errichtet. Meeresfische etablierten sich in dem salzhaltigen See, und Vögel nutzten ihn als Rastplatz auf ihrer Reise Richtung Süden.

Man nannte die Gegend „Kaliforniens französische Riviera".

Der Salton Sea ist ein Endsee, er verfügt über keinen Abfluss. Ein empfindliches Ökosystem, das verschmutzte Zuflüsse und Düngemittel aus der Landwirtschaft zerstört haben.

Der Salzgehalt des Sees stieg kontinuierlich – steigt noch immer.

Die meisten Fische starben - sterben noch immer.

Zwei Jahrhundertstürme Ende der Siebziger überfluteten ganze Siedlungen am Ufer des Salton Sea. So auch Bombay Beach. Mehr Ruinen als intakte Häuser säumen die Straßen. Etwa 350 Menschen wohnen heute im Ort. Wendell ist einer von ihnen. Ihm gehört das Ski Inn. Eine Kneipe, die wie ihr Besitzer auch Bombay Beachs glorreiche Zeiten erleben durfte.

Manche Gäste kommen schon morgens ins Ski Inn, andere am Nachmitttag oder erst am Abend, und einige verbringen den ganzen Tag hier.

SKI INN
TOP HERE
BEST FOOD
ICE COOL D NKS
OPEN

Morgens im Ski Inn

Es ist zu früh für Bier. Wendell mixt uns eine Bloody Mary. Zwei Eiswürfel, Wodka - viel zu viel Wodka - und ein Schluck Tomatensaft. Das für gewöhnlich blutrote Getränk schimmert blassrosa.

Neben mir hockt ein untersetzter Mann mit Igelfrisur. Er heißt Brian. „Musik?", fragt er.

„Gerne."

Er schiebt ein paar Dollarnoten in die Jukebox und lässt Julio Iglesias von der Liebe erzählen.

„Hier fühlt man es", ruft er und drückt die linke Hand auf sein Herz. Lautlos begleiten Brians Lippen Julios Gesang.

„Ich suche eine Frau", sagt er, als der Spanier sein Lied beendet hat.

Ich zucke zusammen.

„Keine Angst, keine Angst. Ich weiß... ich dachte nur, es interessiert dich vielleicht."

„Ja", antworte ich und schaue mich um. Johannes ist schon vor einer ganzen Weile verschwunden. Ich entdecke ihn im hinteren Teil der Bar, zusammen mit einem Mann und einer Frau. Das Bein in der Luft. Den Arm in die Höhe gereckt. Ein Sprung. Johannes bemerkt meinen suchenden Blick und kommt zum Tresen.

„Die bringen mir Martial Arts bei", sagt er und bestellt noch eine Bloody Mary. Das Glas in der Hand, kehrt er zu seinen neuen Freunden zurück.

„Das ist nicht gut."

„Was ist nicht gut?", frage ich Brian.

„Man spaßt nicht mit Martial Arts." Er klingt aufrichtig empört.

„Brian, was die da machen, hat, glaube ich, nichts mit Kampfkunst zu tun. Es sieht eher aus wie Kinderturnen." Er schüttelt den Kopf. „Man muss wichtige Sachen mit Respekt behandeln."

„Martial Arts?"
„Ja, und die Liebe." Er lächelt traurig.
„Willst du auch eine Bloody Mary? Geht auf mich."
„Ein Bier. Dafür", er deutet auf mein Getränk, „ist es zu früh."
Johannes und die männliche Hälfte des Martial-Arts-Duos steuern Arm in Arm auf uns zu.
„Das ist Adam", sagt Johannes.
Adam reicht mir die Hand. Ein Funken Wahnsinn und ein Hauch von chemischen Drogen glänzen in seinen Augen. Während Brian Johannes in eine Unterhaltung verwickelt – es geht um Martial Arts –, rede ich mit Adam, oder besser gesagt, Adam redet auf mich ein. Thema: Martial Arts. Ich frage mich, ob nur ich das Ganze grotesk finde. Nein – ich bin nicht allein. Wendell, der unsere Gespräche fetzenweise mitanhören muss, zwinkert mir zu.
„Ich hab's im Gefängnis gelernt, von einem Meister", sagt Adam.
„Warum warst du im Gefängnis?"
„Verschiedenes. Hab Autos geklaut, geprügelt, so Zeugs halt. Aber soll ich dir ein Geheimnis verraten?"
„Klar."
„Die haben mich nie wegen den richtigen Sachen drangekriegt." Er beugt sich zu mir. „Ich habe sechs Banken ausgeraubt und vier Menschen umgebracht", flüstert er in mein Ohr.
Ich denke an den Cowboy in Marfa. „Das darfst du mir nicht erzählen."
„Was?"
„Dass du jemanden umgebracht hast."
„Warum?"
„Mord verjährt nicht."
Adam überlegt einen Moment. „Deshalb ist es ja ein Geheimnis."

Nachmittags im Ski Inn

Barbara, eine Dame um die achtzig, sitzt zwischen Johannes und mir am Tresen. Sie kommt jeden Tag ins Ski Inn und trinkt ein Budweiser Light.

„Schmeckt der Kuchen?", fragt sie Wendell, der gerade ein Stück ihrer selbstgebackenen Ananastorte verspeist.

„Sehr gut", antwortet der Wirt.

Zu meiner Rechten steht Michael, ein anderer Stammgast, den Barbara ebenfalls mit Torte versorgt hat. Kauend klärt er uns über das Fischsterben im Salton Sea auf.

„Ach, sei doch still", sagt Barbara, „immer heißt es tote Fische und Crystal Meth. Als ob es hier nichts Schönes geben würde. Dabei gibt es hier wirklich schöne Dinge. Mein Haus, das ist schön. Wollt ihr es morgen sehen?", fragt sie Johannes und mich unvermittelt.

„Ja, gerne."

Wendell und Michael beäugen uns kritisch.

„Sie passen auf mich auf", sagt Barbara. Und lächelt angesichts der prüfenden Blicke ihrer Freunde.

„Ja, das tun wir", erwidert der Wirt.

„Aber die zwei Kinder hier", die alte Dame tätschelt unsere Schultern, „sind in Ordnung."

Wendell und der andere nicken.

„Ich habe vier Kinder", sagt Barbara. „Vier perfekte Töchter. Die Jüngste kommt mich bald besuchen, und morgen besucht ihr mich."

*

Abends im Ski Inn

Vor der Kneipe rauchen wir mit Brian eine Zigarette.
„Ich habe es heute ja schon mal gesagt" – einen Moment befürchte ich, dass wir wieder bei den Martial Arts landen werden –, „ich suche eine Frau", beendet Brian seinen Satz.
Stille.
„Wisst ihr, ich bin dreiundfünfzig Jahre alt. Reich werde ich in diesem Leben nicht mehr, schöner auch nicht. Aber eine Frau, die mich liebt, das muss doch möglich sein?"
„Ja", antworten wir wie aus einem Mund.
„Hier werde ich sie nicht finden."
„Warum?"
„Kenne sie alle. Ist nichts dabei für mich."
„Dann musst du woanders suchen."
„Ist nicht einfach... nicht einfach, wegzukommen. Ich hab nicht mal ein Auto. Aber irgendwann werde ich bereit sein."

*

TOUCHSCREEN ENTERTAINMENT
MEGATOUCH
video

Morgens im Ski Inn

Jeff – ein großer Mann mit Glatze und einer auffälligen Tätowierung am Hals. Balken, die nicht mal ein Muster bilden.

Jeff hat schlechte Laune. „Ich habe immer schlechte Laune."

„Darf ich dich was fragen?"

„Mach schon", fordert er Johannes auf.

„Hat die Tätowierung eine Bedeutung?"

Er lacht verächtlich. „Das ist Farbe. Unter meiner Haut. Blau. Ohne Bedeutung."

Jeff kommt selten ins Ski Inn, nur wenn ihm nach Gesellschaft zumute ist. „Und das passiert nicht oft."

Er wohnt bei seiner Schwester. „Ein Zimmer. Besuch mag ich nicht. Selbst meine Schwester lass ich nicht rein. Ich habe zwei Chihuahuas. Mit denen komme ich zurecht. Geht besser als mit Menschen."

„Seit wann wohnst du in Bombay Beach?"

„Zu lange. Ich habe alles verloren. Wusste nicht, wohin. Meine Schwester hat mir das Zimmer angeboten. Achtundneunzig Dollar Miete im Monat. 98 Dollar – das ist der einzige Grund, warum ich hier lebe."

„Wie hast du alles verloren?"

„Geht dich nichts an."

„Das stimmt."

„Ist so eine Sache mit dem Verlieren, man merkt es meistens erst, wenn es zu spät ist."

*

Nachmittags im Ski Inn

Barbara bestellt ein Bud Light. „Und danach gehen wir zu mir. Ich habe Kuchen für euch im Kühlschrank."

Während sie das Bier trinkt, signieren Johannes und ich jeweils eine Ein-Dollar-Note. Das ist Tradition im Ski

Inn. Jeder, der hier war, klebt einen verzierten Schein an die Wand.
„Irgendwann wollte das Finanzamt, dass ich Steuern auf das Geld an den Wänden zahle", sagt Wendell und lacht.
Barbaras Glas ist leer. Wir folgen ihr nach draußen. Die alte Dame steigt in eine elektrische Golfkarre, wir in den schwarzen Passat. „Fahrt mir hinterher." Und schon braust sie los.
Von außen ist das Haus nichts als ein unscheinbarer Kasten. Ein Trailer von vielen.
Barbara schließt auf. „Ist es nicht schön?", fragt sie. Die dunklen Holzmöbel sind auf Hochglanz poliert, kein Krümel bedeckt den flauschigen Teppich. Ein paar Nippessachen. Blumen auf dem Tisch. Barbaras Heim erinnert an ein altes, wertloses Kleid, das längst aus der Mode gekommen ist und trotzdem von seiner Besitzerin jeden Morgen gelüftet, gebügelt und ausgebessert wird.
„Ich lade gerne Reisende ein. Damit sie sehen, dass es hier nicht nur Schlechtes und Hässliches gibt."
Die Gastgeberin führt uns durch ihr Reich, vor einer Tür verharrt sie. „Das betrete ich nicht gerne. Mein Mann ist in diesem Zimmer gestorben. Lungenkrebs. Jetzt lagere ich dort die Weihnachtsdekoration. So muss ich nur einmal im Jahr rein. Er war ein lieber Kerl. Still und freundlich. Er fehlt mir."
Viele Monate hat Barbara ihren kranken Mann gepflegt. „Er konnte kaum essen, bekam nur schwer Luft, und dann, eines Abends... 'Du musst stark sein, Barbara', habe ich mich ermahnt, 'die Nacht wird er nicht überstehen. Morgen ist er nicht mehr da.' Und so war es auch. Ich vermisse ihn. An manche Dinge gewöhnt man sich einfach nicht."
Wir essen Ananastorte im Wohnzimmer, während Barbara uns von ihren Töchtern erzählt.

„Vier perfekte Töchter. Nur die Älteste..." Sie schüttelt traurig den Kopf. „Drogen. Ich frage mich, wie das passieren konnte. Vor zwei Jahren habe ich sie das letzte Mal gesehen. Ich habe ihr gesagt, dass sie bei mir bleiben soll, dass ich ihr helfen werde. Aber... Das arme Ding...Ich weiß nicht, wo sie ist. Ich weiß nicht mal, ob sie noch lebt. Sie war so ein süßes, liebes Mädchen. Es ist einfach, die Kinder zu beschützen, solange sie klein sind."

Früher hat die Familie immer ihre Sommerferien am Salton Sea verbracht. „Die Mädchen waren ganz verrückt nach dem See. Sie waren ständig im Wasser. Ich war nie eine große Schwimmerin. Ach, es war herrlich. Ich glaube, es gab keinen schöneren Ort auf der Welt als Salton Sea. Nicht, dass ich viel von der Welt gesehen hätte..."

Als die Töchter dann erwachsen waren, beschlossen Barbara und ihr Mann, nach Bombay Beach zu ziehen. Der See, den viele Menschen nur mit toten Fischen in Verbindung bringen, birgt für die alte Dame einen Schatz glücklicher Erinnerungen.

Barbara kommt auf ihre eigene Kindheit zu sprechen. „Mein Vater war ein schrecklicher Mann. Oh, ein ganz schrecklicher Mann. Er hat meine Mutter, diese gutherzige Frau, geschlagen und angeschrien. Ständig geschrien. Sie hatte solche Angst vor ihm. Ich wünsche niemandem etwas Böses, nur meinem Vater. Ich hoffe, dass er in der Hölle schmort."

Sie sieht mich an. „Eine Frau muss darauf achten, dass sie einen guten Mann heiratet. Oder weglaufen, wenn er sich als Mistkerl entpuppt."

Barbara lädt ein zweites Stück Ananaskuchen auf unsere Teller und wechselt das Thema. „Ich habe als *operator* bei der Auskunft gearbeitet. Das ist lange her. Es gab verrückte Regeln damals. Wir durften nur Nummern

rausgeben und keine anderen Fragen beantworten. Einmal hat eine alte Lady angerufen: '*Operator*, ich versuche Eierkuchen für fünf Personen zu machen. Wie viele Eier brauche ich?'
'Ich bin nicht befugt, Ihnen zu antworten, Mam'."
Barbara lacht. „Ist das nicht komisch? Das werde ich nie vergessen. '*Operator*, ich versuche Eierkuchen für fünf Personen zu machen...'"
Barbara zeigt uns Fotos von ihren Enkelkindern, ihrem verstorbenen Mann, ihren Töchtern. „Drei perfekte Töchter und die Älteste..."
Das Telefon klingelt. Mit dem schnurlosen, silbernen Apparat verlässt Barbara das Zimmer. Nach wenigen Minuten kehrt sie zurück und seufzt.
„Die Jüngste... Sie wollte mich doch besuchen. Ihr geht es nicht gut."
„Was hat sie?"
„Oh, sie trinkt zu viel. Bier... und am Nachmittag Wein. Der Magen... Sie kann nicht kommen." Barbara lächelt wehmütig. „Zwei perfekte Töchter und..." Sie hält inne. „Nein, vier perfekte Töchter. Ich habe vier perfekte Töchter."

*

Abends im Ski Inn

Ein letztes Bier in der Kneipe, die zwei Tage lang so etwas wie unser Zuhause war. Die Jukebox spielt *Beast of Burden*. Der Mann mit der Igelfrisur begleitet die Rolling Stones lautlos, wie am Tag zuvor den Spanier. Es heißt Abschied nehmen.

„Ihr werdet mir fehlen", sagt Brian und drückt die linke Hand auf sein Herz. „Ich mag euch."

„Vielleicht kommen wir ja irgendwann zurück."

„Vielleicht bin ich dann nicht mehr hier. Wisst ihr, ich glaube, ich bin bereit für die Liebe. Ich gehe nach Arkansas."

„Was ist in Arkansas?"

Brian zuckt mit den Schultern.

„Warum Arkansas?"

„Das habe ich mir halt so überlegt." Er schaut Johannes an. „Ich schreib dir ne Karte, wenn ich dort bin. Gib mir deine Adresse."

Johannes kritzelt seine Adresse auf eine Zigarettenschachtel.

Wahrscheinlich wird Brian auch noch in zehn Jahren an der Theke des Ski Inn sitzen, die Hand auf sein Herz pressen und singen, ohne einen Laut von sich zu geben. Aber vielleicht wird eines Tages eine Ansichtskarte aus Arkansas in Johannes' Briefkasten liegen. Vielleicht.

*

Slab City

Etwa zwanzig Meilen vom Salton Sea entfernt liegt Slab City.

Einst diente das Gebiet in der Colorado-Wüste als Militär-Exerzierplatz. Soldaten wurden hier auf den Kampf vorbereitet. Der Zweite Weltkrieg ging zu Ende, die Anlage wurde abgerissen.

Seit Mitte der sechziger Jahre ist Slab City ein wilder Campingplatz. Eine Siedlung ohne Strom oder fließend Wasser. Es gibt keinen Bürgermeister, keine Polizei, keine Gesetze. Man zahlt weder Miete noch Steuern. Hippies, Künstler, Kriminelle, sonnenhungrige Rentner, Abenteurer und Menschen, die alles verloren haben, bewohnen diesen Ort. Manche verbringen nur einige Wochen oder den Winter hier, andere bleiben für immer. Journalisten aus aller Welt haben über Slab City berichtet. Als 'die letzte Möglichkeit, frei zu sein', beschreiben es die einen. Andere verdammen solche Romantisierung und erklären, dass der Ort in der Wüste vielmehr ein Spiegel der sozialen Probleme Amerikas sei. Der tiefe Fall - Zuflucht, nicht Freiheit.

Wir parken den schwarzen Passat am Fuße des 'Salvation Mountain', einer Kunstinstallation, die Leonard Knight aus Lehm, Stroh und Farbe errichtet hat. Gemalte Blumen und herzumrahmte Bibelverse zieren den bunten Hügel, auf dessen Gipfel ein Kreuz thront.

„Besuch", ruft eine Gestalt und kommt auf uns zu. „Na, wollt ihr den Berg sehen?" Er hat weißblonde Brauen und strahlend blaue Augen.

„Was?"

„Da", brüllt er und zeigt lachend auf den 'Salvation Mountain'. „Jetzt habt ihr ihn gesehen. Macht fünfzig Dollar. Hey, war ein Witz. Wo seid ihr her?"

„Berlin."

„Dziekuje. Dziekuje."

„Das ist polnisch", sagt Johannes.
„Dobry wieczor."
„Auch polnisch."
„Ihr seid doch Polen."
„Nein, Deutsche. Berlin. Wir kommen aus Berlin."
„Dziekuje."
„Bist du aus Polen?"
„Nee. Hat mir jemand beigebracht. Gut, oder?"
Wir nicken zustimmend.
„Also, Polen, schönen Tag noch. Man sieht sich. Macht fünfzig Dollar. Hey, war ein Witz."

*

Wir spazieren durch Slab City. Campingwagen in allen Farben und Variationen.
Internet Café steht auf einer Baracke.
„Können wir reinkommen?"
„Klar, das Gitter ist offen."
Er heißt Frank, seinen Bart trägt er lang, den drahtigen Oberkörper frei. Ihm gehört das aus Spenden finanzierte, solarbetriebene Internet-Café, das einzige in Slab City.
Ein halb überdachter Holzverschlag. Abgewetzte Sessel, zwei Hunde, ein Flachbildfernseher, viele Fliegen.
Wir rauchen eine Zigarette mit Frank, den ich zwanghaft Franky nenne. Slab City ist sein Zuhause. Er möchte nie wieder fort, sagt der etwa fünfzigjährige Mann, während er die beiden Hunde streichelt.
„Ist wahrscheinlich eine doofe Frage, aber gibt es hier irgendwo eine Toilette?"
Johannes verdreht die Augen.
„Ja", antwortet Franky und überreicht mir einen Schlüssel. „Da draußen, hinter dem Wohnwagen. Es ist nur ein Holzkasten."

„Danke", sage ich und gehe los. Als ich die Toilette erreicht habe, kommt Franky angerannt. Er steckt mir eine Rolle Klopapier zu. „Da drinnen gibt es keins. Das ist mein privates, du kannst es benutzen."
Wir stehen einander gegenüber, schauen uns an. „Und wie gesagt, es ist nur ein Holzkasten. Tut mir leid."
Für den Bruchteil einer Sekunde berühren sich unsere Hände.
„Immerhin habe ich jetzt Toilettenpapier." Ich presse die Rolle an mein Herz und lache. Franky stimmt mit ein. Wir lachen ein bisschen zu laut und ein bisschen zu lange.

*

Auf dem Rückweg zum 'Salvation Mountain' passieren wir 'The Range'. Ein Deck mit einer Bühne aus Holzbrettern. Zerschlissene Sofas, wacklige Stühle stehen kreuz und quer durcheinander. „Könnt ihr uns kurz helfen?" Ein weißhaariger Mann und ein schmächtiger Junge versuchen, die Polstermöbel zu arrangieren.
„Ich bin Bill", sagt der Alte. „Ihr seid Touristen?"
„Ja."
Unter Bills Anweisungen tragen Johannes und der Junge eine schwere Couch auf den für sie bestimmten Platz. Bill hat ›The Range‹ vor vielen Jahren gebaut und organisiert die allwöchentlichen Talentshows. Jeder, der will, kann auftreten.
„Morgen ist die nächste Show. Seid ihr morgen noch da?"

*

GE

Die Talentshow beginnt schon am Vormittag. Nach und nach sammeln sich immer mehr Menschen auf dem Deck. Diejenigen, für die Slab City Freiheit bedeutet, und die anderen, für die Slab City keine Wahl ist, sondern die letzte Zuflucht. Touristen und Reporter mischen sich unter die Bewohner dieser ungewöhnlichen Stadt. Ein Bilderbuch-alt-Hippie gibt bereitwillig Interviews, posiert für die Kameras.
„Was ist mit dem da hinten?", fragt ein Journalist seinen Fotografen. „Nee, der war schon im *Geographic*."
„*Hey Baby, there ain't no easy way out. Hey, I will stand my ground and I won't back down*", singt ein Mann mit Gitarre, während Kinder toben und Hunde bellen.
Ein zweiter Bilderbuch-alt-Hippie, ganz in Lila gekleidet, betritt das Deck. Blitzlichtgewitter. Auch er beantwortet die Fragen der Presse geduldig. Anschließend steigt er auf die Bühne und trägt in säuerlichem Tonfall ein sehr langes Gedicht vor. Atomkraft, Weltfrieden, Zukunft und Vergangenheit werden in Versform abgehandelt.
„Polen, wusste ich doch, dass ihr noch da seid. Macht fünfzig Dollar. Hey, war ein Witz. Dziekuje. Dziekuje."
Er reicht uns seine Pfeife, wir schenken ihm ein Bier.
„Wie heißt du eigentlich?"
„Dziekuje", sagt er und lacht.
Musiker – gute, sehr gute und weniger gute – spielen ihre Lieder. Einige Stücke zwingen zum Mitsingen, zum Tanzen.
Allmählich wird es dunkel, nur Lichterketten und die Sterne am Himmel erleuchten 'The Range'.
Kim, ein Endzwanziger mit Rasta-Locken, setzt sich zu uns auf das feuchte, zerschlissene Sofa. Er ist erst seit ein paar Tagen in Slab City und weiß noch nicht, ob oder wie lange er bleiben wird. „Und ihr?", fragt er. Wir erzählen ihm von unserem Roadtrip, von dem

Buch, das aus der Reise entstehen soll. Kim deutet auf einen Journalisten, der mit einem Diktiergerät bewaffnet eine offensichtlich unter Drogen stehende Frau belagert.

„Aber so macht ihr es nicht?"

„Nein."

„Das ist gut. Man sollte nur nehmen, was die Leute einem freiwillig geben."

„Frank hat mir sein Klopapier geliehen."

„Dann schreib es auf", sagt Kim und zieht weiter.

'Dziekuje' steuert in unsere Richtung, einen jungen Mann im Schlepptau. „Das ist der Pole und das sind die neuen Polen", stellt er uns einander vor. „Und jetzt sprecht alle polnisch. Los. Dziekuje. Dziekuje."

Der junge Mann schüttelt genervt den Kopf. „Wann begreifst du es endlich!? Ich komme aus Bulgarien. Ich bin kein Pole, und ich spreche kein Polnisch."

*

Frankys Geschichte

Kapitel 12

„Und Sie haben gar keine konkrete Vorstellung. Eher etwas Familienfreundliches oder lieber ein sportliches Modell?"

„Es soll fahren."

Der dicke Händler lachte laut auf. „Sie sind mir ein richtiger Spaßvogel. Herrlich. Das ist großartig. Es soll fahren."

„Ja", sagte Franky ernsthaft. „Es soll fahren."

„Das tun sie alle", antwortete der Verkäufer und räusperte sich. „An was für eine Preiskategorie haben Sie denn gedacht?"

Franky zuckte mit den Schultern.

„Na, dann schauen wir uns doch einfach mal um."

Er hörte dem Dicken kaum zu, als sie an den aufgereihten Fahrzeugen vorbeimarschierten. Er dachte an Laura, während der Händler den Komfort jenes Autos anpries, auf die Eleganz eines anderen hinwies, von Sicherheit und Motorenleistung sprach. Fast zehn Jahre hatte Franky auf Lauras Brief gewartet. Er kam nie.

Es war keine spontane Entscheidung, sondern eine Idee, die im Laufe der Zeit gewachsen und gereift war. Franky nannte es ‚seinen Plan'.

„Du kaufst ein Auto, und dann fährst du los?", hatte der alte Jefferson ungläubig gefragt.

„Ja."

„Und wo willst du sie suchen?"

„Ich weiß nicht."

„Oh, Franky …" Jefferson hatte traurig den Kopf geschüttelt. „Und nehmen wir mal an, du findest Laura tatsächlich, so unwahrscheinlich es auch ist, was wirst du tun?"

„Ich… Ich weiß nicht."

„Mein Lieber, mein lieber, lieber Franky. Das ist kein richtiger Plan."

„Aber er ist der einzige, den ich habe."

Das Haus hatte Franky verkauft, den bordeauxroten Sessel und Lauras Bücher bei Tante Virginia in seinem alten Kinderzimmer untergestellt.

„Und das gute Stück hier", sagte der dicke Händler und riss Franky aus seinen

Gedanken, „ist unzerstörbar. Der überlebt alles. Der wird selbst Sie überleben."

Es schneite am 7. Dezember 1982, als Franky Perkins in einem beigen Mercedes 300 Turbo Diesel Bordentown verließ, um Laura zu suchen. Der alte Jefferson hatte vollkommen recht, der Plan war kein richtiger Plan. Franky würde auf seine Instinkte vertrauen müssen.

*

28. – 31. Januar 2013 San Francisco, California

Die Sonne scheint, wir sitzen auf dem Bürgersteig vor einem Starbucks im Marina District. Dave hat uns um Feuer gebeten, so begann das Gespräch. Er ist so alt wie ich, seine Augen veilchenblau. Irritierend veilchenblau. In der rechten Hand hält er einen riesigen Pappbecher Tee, in der linken eine Zigarette.
„Also, ihr fahrt quer durch Amerika und sammelt Geschichten?"
„Ja, so ungefähr."
Dave nippt an seinem Tee. Das Schlucken scheint ihm schwerzufallen.
„Heiß?"
„Nein. Pfefferminz."
„Bist du krank?"
Er schüttelt den Kopf und zieht an seiner Zigarette. Einige Minuten hocken wir drei schweigend nebeneinander.
„Ich... Ich mag keinen Pfefferminztee", bricht Dave die Stille.
„Warum trinkst du ihn dann?"
„Das..." Er zögert. „Das ist eine lange Geschichte."
„Du weißt ja, wir sammeln Geschichten."
„Vielleicht... Also... Ich wüsste gar nicht, wo ich anfangen sollte."
„Pfefferminztee", sagt Johannes.
Dave überlegt. „O.k. Ich erzähl euch jetzt, warum ich Pfefferminztee – alles, was nach Pfefferminz schmeckt - hasse. Es hat nicht viel mit der eigentlichen Geschichte zu tun..."
Dave hat in Los Angeles studiert. „Am Wochenende sind wir oft in die Wüste gefahren. Ich und drei andere Jungs. Haben Mushrooms gegessen, Gras geraucht. Wir haben davon geträumt, eine Band zu gründen, haben uns

Gitarren gekauft, aber wir waren gnadenlos unmusikalisch. Also haben wir erst mal Texte geschrieben. High in der Wüste. Im Rausch klangen sie genial.“ Dave lacht. „Ich hab was über ein Schwein gedichtet. Es hat sich gereimt. *Dick the pig*. Riesengroßer Mist. Manchmal sind ein paar Mädchen mitgekommen. Und irgendwann war Ellen dabei. Ich war verliebt in sie. Anfangs, so schien es, fand Ellen mich relativ dämlich, aber nachher, als wir high waren, hat sie meine Hand gehalten. Anstatt sie zu küssen, habe ich sie vollgequatscht, von Musik geredet, von einem Lied, das ich ihr widmen werde. Die anderen sind schlafen gegangen, Ellen und ich saßen noch immer da, händchenhaltend. Das Bier war leer, mein Mund ausgetrocknet. Ich bin aufgestanden und habe in den Autos nach Getränken gesucht. Da war eine Flasche. Ohne auf das Etikett zu achten habe ich...“ Dave schüttelt sich vor Ekel. „Pfefferminzlikör. Keine Ahnung, welcher Idiot die mitgebracht hatte. Ich bin zu Ellen zurückgelaufen und hab ihr vor die Füße gekotzt. Ich konnte gar nicht mehr aufhören zu kotzen. Der Geschmack, dieser Pfefferminzgeschmack... Widerlich.“
Dave greift nach Johannes' Feuerzeug und zündet sich eine Zigarette an.
„Warum trinkst du Pfefferminztee?“, frage ich.
„Um...“ Er starrt in seinen Pappbecher, als ob die Antwort auf dem Grund des Behälters läge. „Um ein wenig zu leiden. Jeden Tag. Und damit wären wir bei der eigentlichen Geschichte angelangt. Ich... Habt ihr heute Abend Zeit? Wir könnten uns treffen. Jetzt...“ Er beißt sich auf die Lippen. „Jetzt geht es nicht.“
Dave gibt uns die Adresse einer Bar.
„Also so um acht“, sagt er und verabschiedet sich.

Wir sitzen am Tresen und warten auf Dave. Es ist acht, es wird neun. Dave taucht nicht auf. Wir fragen den Barkeeper, ob er Dave kennt. „Es gibt viele Daves", sagt er.

„Veilchenblaue Augen."

„Ich gucke Typen selten in die Augen."

Es wird zehn. Wir fragen die Leute in der Bar nach Dave, beschreiben sein Äußeres.

„Keine Ahnung."

„Nie gesehen."

„Nein."

Es wird elf. Dave kommt nicht.

Am nächsten Tag gehen wir zurück zu dem Starbucks im Marina District. Hoffen auf Dave. Dave kommt nicht. Wir laufen durch die Stadt, halten Ausschau nach ihm. Doch Dave bleibt unauffindbar.

*

Frankys Geschichte

Kapitel 13

Der Mercedes war nun die einzige Konstante in seinem Leben. Und Laura zu finden das einzige Ziel.

Franky traf Menschen, die sein Denken veränderten.

Menschen, mit denen er Momente teilte, die man nur als vollkommen bezeichnen kann.

Er hörte Geschichten, die phantastischer waren als jedes Märchen.

Geschichten, die ihn überzeugten, dass alles, wirklich alles möglich war.

Er sah Landschaften, die ihn an Gott glauben ließen.

Landschaften, die selbst Poeten um Worte verlegen machen mussten.

*

4. – 6. Februar 2013 Marfa, Texas

An den Wohnzimmerwänden hängen monströse Longhorn-Schädel mit Hörnern. In einer Ecke steht eine Vitrine mit Gewehren, in der anderen ein eisernes Sattelgestell.
San Francisco war der westlichste Punkt unserer Reise. Eigentlich wollten wir von dort nach Colorado fahren. Aber wir befinden uns wieder in Marfa. Manchmal muss man zurückkehren.
Es war so ein Gefühl, Instinkt oder...
„Ich kann nicht erklären, was ich damit meine, und wenn ich es könnte, hätte ich wahrscheinlich keine Lust dazu."
Ich sitze auf den Steinstufen in Tys Garten. Unter einem der sechs Pecannussbäume liegt Quattro, der Hund, und beobachtet uns.
Ty lacht, als ich ihm erzähle, dass ich einen nicht verurteilten Mörder getroffen habe, der mir seine Taten gestanden hat.
„Hast du ihn gefragt?"
„Meinst du, ich renne durch die Gegend und frage irgendwelche Leute: Entschuldigung, bist du vielleicht ein nichtverurteilter Mörder?"
„O.k, das war eine dumme Frage."
„Es gibt viele dumme Fragen. Ich glaube, fast mehr dumme als kluge. Auch wenn man gemeinhin sagt: Es gibt keine dummen Fragen."
„Und manchmal ist es das Beste, gar keine Fragen zu stellen."
„Ja, das Beste und das Schwerste", antworte ich.
Mein Blick fällt auf die offene Garage, vor der drei Waschmaschinen stehen.
„Sind die kaputt?"
„Ja."

„Sammelst du die?"
„Nein, ich werde sie reparieren. Wenn man sich Mühe gibt, kann man fast alles reparieren."
„Und was machst du dann mit drei funktionstüchtigen Waschmaschinen?"
„Waschen", sagt er und lacht.
Ty geht in die Küche und kocht eine zweite Kanne Kaffee, Quattro trabt hinter ihm her. Ich bleibe allein zurück und betrachte den texanischen Himmel, den ich ebenso wie den Lake Daniel bereits in einem Roman verewigt habe.
„Ich mag den Himmel hier", sage ich, als Ty wieder neben mir sitzt. „Ich mochte ihn schon, bevor ich ihn richtig gekannt habe."
Der Cowboy schaut nach oben, lächelt stolz, fast könnte man meinen, der Himmel würde ihm gehören.
„Ich habe über den Himmel in Texas geschrieben und über Rinder."
„Über Rinder?" Ty lacht.
„Ja, über eine Rinder-Ranch in Texas. In einem Roman. Fiktion."
„Warst du schon mal auf einer Ranch?"
„Nein."
„Ich kann dich mitnehmen, falls du zurückkommst. Im Frühling oder im Sommer..."
„Ist das eine Frage?"

*

Frankys Geschichte
Kapitel 14

‚Ich bin müde.' Franky wusste nicht, ob es seine Stimme war oder ob das Auto zu ihm gesprochen hatte.
‚Ich bin müde.'
Er hatte nicht gefunden, wonach er gesucht hatte, doch die Reise fühlte sich wie ein Sieg an.
Seine Finanzen waren mehr als angeschlagen, trotzdem fühlte er sich reich.
‚Ich bin müde.'
Es war Zeit umzukehren.

„Du bist wieder da?", fragte Tante Virginia, als sie Franky die Tür öffnete.
„Ja."
„Hast du Laura gefunden?"
„Nein."
„Gibt Schlimmeres."
Franky, der kein eigenes Haus und auch kein Geld mehr hatte, zog zurück in sein altes Kinderzimmer. Er betrat den Raum, in dem vor langer Zeit einmal eine Katze gestorben war. Da standen Lauras Bücher und der bordeauxrote Sessel. Er deutete auf ein Gemälde, das er noch nie zuvor gesehen hatte und das nun über dem Bett hing.
„Was ist das?"
„Der Busen deiner Mutter."

Der alte Jefferson hatte Franky wenige Wochen nach seiner Rückkehr den Gemischtwarenladen übergeben.
Jeden Morgen fuhr Franky in seinem Mercedes zur Arbeit und jeden Abend wieder nach Hause.
Fast, als wäre er nie fort gewesen.
Manchmal, wenn Franky und Tante Virginia zusammen im Wohnzimmer saßen, trafen sich ihre Blicke. Einen Moment waren beide versucht zu erzählen. Von einer Reise, von Brüsten in Öl. Doch keiner sagte ein Wort, nur der Takt, den Frankys Füße klopften, war zu hören.

EYES

MOTEL
MOTEL

7. – 11. Februar 2013 Texas, Arkansas, Tennessee, Virginia, Maryland, Pennsylvania, New York

Kein Entrinnen aus Arkansas. Stau. Autos dicht an dicht. Wir nehmen die erstbeste Ausfahrt, und ich drücke auf Fox' Detour-Knopf. Das GPS berechnet eine alternative Route. Wir fahren kreuz und quer durch die Gegend, nur um zwei Stunden später wieder im selben Stau zu landen.

„Und hier will Brian die Liebe finden?", sagt Johannes.

Es wird dunkel. Kein Entrinnen aus Arkansas. Wir nehmen ein Motelzimmer, schmeißen uns auf die Betten, trinken Bier und hören Musik.

„Bitte nicht nach Hause schicken", sagt Johannes zu niemand bestimmtem und lacht.

„Bitte nicht nach Hause schicken", sage auch ich.

Uns sind nur noch fünf Tage geblieben, um von Marfa zurück nach New York zu fahren. 2100 Meilen, 3400 Kilometer.

Schnee und Eis bedecken die Straßen. Wir parken das Auto vor Johannes' Haustür in Brooklyn. Laden das Gepäck aus und fahren zu einer Tankstelle, um den schwarzen Passat zu putzen.

Staub, Schlamm, Sand und Asche fließen in eine Pfütze, verschwinden in einem Staubsauger.

Der Proll mit dem Mercedesstern ist nicht da, ein anderer Mitarbeiter nimmt das Auto entgegen und lässt beim Anblick des Kilometerzählers einen anerkennenden Pfiff hören.

'Jetzt ist es vorbei', denke ich. Nein, es ist erst vorbei...

*

Frankys Geschichte

Kapitel 15

Er war bald siebzig Jahre alt, sein volles Haar ergraut. Doch bis auf gelegentliche Rückenschmerzen gab es nicht viel zu beklagen. Noch immer fuhr er in seinem beigen Mercedes zu Jeffersons Gemischtwarenladen und stand tagein, tagaus hinter dem Tresen, noch immer wohnte er in dem Haus seiner Kindheit.

So wie jeden Abend verriegelte Franky auch heute die Tür des Ladens, löschte das große Licht und zählte die Kasse.

Ein Stechen in seiner Brust ließ ihn zusammenzucken, Münzen kullerten auf den Boden.

Franky wollte sich bücken, um sie aufzuheben. Doch die Schmerzen wurden stärker. Er presste die linke Hand auf sein Herz und schloss die Augen. Als er sie wieder öffnete, stand eine sehr dicke Frau vor ihm. Wie war sie reingekommen? Er hatte doch abgeschlossen.

Die fette Lady erhob ihre Stimme und begann zu singen.

*

Das Zitat von William Carlos Williams
auf der Mottoseite stammt aus:
William Carlos Williams, *Paterson*
Aus dem Amerikanischen von Karin Graf
und Joachim Sartorius
Hanser Verlag, München 1998
Das Zitat von J.D. Salinger auf der
Mottoseite stammt aus:
J.D. Salinger, *Der Fänger im Roggen*
Aus dem Amerikanischen von
Eike Schönfeld. Kiepenheuer & Witsch, Köln 2003
Fotobearbeitung: Mario Seyer
Reproduktion: Widmer & Fluri Visual Supply
Umschlagfoto von Johannes Paul Spengler

Diogenes Verlag AG Zürich
www.diogenes.ch
60/14/4/1
ISBN 978 3 257 06903 7

189

ASTRID ROSENFELD wurde 1977 in Köln geboren. Nach dem Abitur ging sie für zwei Jahre nach Kalifornien, wo sie erste Berufserfahrungen am Theater sammelte. Danach begann sie eine Schauspielausbildung in Berlin, die sie nach anderthalb Jahren abbrach. Eine Zeitlang hat sie in diversen Jobs in der Filmbranche gearbeitet, unter anderem als Casterin. Ihre Romane *Adams Erbe* und *Elsa ungeheuer* wurden in elf Sprachen übersetzt. Astrid Rosenfeld lebt als freie Autorin in Berlin und Marfa, Texas.

JOHANNES PAUL SPENGLER, geboren 1984 in Stralsund und aufgewachsen in Hamburg, studierte Fotografie an der Ostkreuzschule Berlin und arbeitete als Assistent für Fotografen wie Alexander Straulino, Juergen Teller und Steven Meisel. Seine Fotos wurden in verschiedenen Galerien und Institutionen ausgestellt sowie in internationalen Mode- und Kunstmagazinen veröffentlicht. Johannes Paul Spengler lebt und arbeitet in New York.